**Espaço (Meta)Vernacular
na Cidade Contemporânea**

Coleção Khronos
Dirigida por J. Guinsburg

Equipe de realização: Edição de texto: Adriano Carvalho Araujo e Souza; Revisão de texto: Iracema A. Oliveira; Projeto gráfico: Lúcio Gomes Machado; Imagem da capa: a partir de trabalho de Geraldo Souza Dias; Produção: Ricardo W. Neves, Sergio Kon e Raquel Fernandes Abranches.

Marisa Barda

**Espaço (Meta)Vernacular
na Cidade Contemporânea**

 PERSPECTIVA

Dados Internacionais de Catalogação na Publicação (cip)
(Câmara Brasileira do Livro, sp, Brasil)

Barda, Marisa
    Espaço (meta)vernacular na cidade contemporânea /
Marisa Barda. – São Paulo: Perspectiva, 2009.

    Bibliografia.
    ISBN 978-85-273-0854-0

    1. Arquitetura vernacular 2. Cidades
3. Urbanização I. Título.

09-00595   CDD-720

Índices para catálogo sistemático:

1. Arquitetura vernacular   720

Direitos reservados em língua portuguesa à

EDITORA PERSPECTIVA S.A.

Av. Brigadeiro Luís Antônio, 3025
01401-000 São Paulo SP Brasil
Telefax: (11) 3885-8388
www.editoraperspectiva.com.br

2009

À Iara, Marco e Alberto

SUMÁRIO

CRONOLOGIA 11

INTRODUÇÃO 21

PRIMEIRA PARTE:
AS TEORIAS

1. O Espaço e Seu *Iter* no Pensamento
   Filosófico 28

2. A Consciência Popular e os Valores
   Históricos, Urbanos e de Conservação
   da Cidade 55

3. Arquitetura Vernacular e
   Espaço Metavernacular 86

4. Do Restauro Romântico ao
   Conceito de Preservação Contemporâneo 102

   Conclusão 130

SEGUNDA PARTE:
ELEMENTOS DO PROCESSO
E ESTADO DA QUESTÃO

Documentos e Testemunhos 136

Problemas e Questões de Interpretação 144

BIBLIOGRAFIA 159

PORTAIS DA WEB 162

CRÉDITOS DAS ILUSTRAÇÕES 163

CRONOLOGIA

447 a.C. Início da construção do Partenon em Atenas.

384–322 a.C. O filósofo grego Aristóteles escreve tratados de metafísica, física, lógica e ética, política ética e retórica.

365–300 a.C. O matemático e filósofo grego Euclides redige inúmeros textos e tratados, dentre os quais, o mais famoso é *Os Elementos*.

193 a.C. Os romanos inventam o cimento (primeira obra: Porticus Aemilia).

80 a.C. Construção do anfiteatro Flavio vulgarmente chamado Coliseu.

28 a.C. Construção do Fórum Romano, centro da vida política, comercial e judiciária de Roma.

20 a.C. Marco Vitrúvio Polio, escritor, engenheiro e arquiteto romano, escreve o tratado *De Architectura* em dez livros.

1404–1472 Leon Alberti Battista, arquiteto italiano, escreve inúmeros tratados, entre eles: *Descriptio urbis romae* (1434); *De re aedificatoria* (1452); *De statua* (1464).

1564–1642 Galileu Galilei, cientista florentino, escreve sobre a lei da dinâmica, entre outros: *Sidereus nuncius* (1609?); *Teoria da Sincronização da Pêndula* (1583); *De Motu*

(1588); *Diálogos sobre os Dois Máximos Sistemas do Mundo* (1630).

1596–1650 René Descartes, filósofo e matemático francês, considerado o pai da filosofia moderna e da geometria analítica, escreve *Regras para a Direção do Espírito* (1628); *A Dióptrica, Os Meteoros e A Geometria* (1637); *Meditações Metafísicas* (1641); *Os Princípios de Filosofia* (1644); *Tratado das Paixões* (1649).

1643–1727 Isaac Newton, matemático, filósofo e cientista inglês, formulou uma série de teoremas e teorias entre outros: *Princípios Matemáticos da Filosofia Natural* (1687); *De analysi per aequationes numero terminorum infinitas* (1669-1711); *Methodus fluxionum et serierum infinitorum* (1671-1742).

1646–1716 Gottfried Wilhelm Leibniz, filósofo, cientista, matemático, diplomata e bibliotecário alemão, autor entre outros de *De arte combinatoria* (1666); *Teorema Fundamental do Cálculo* (1676).

1656–1667 Construção da Piazza di San Pietro, cujo projeto é do arquiteto florentino Gian Lorenzo Bernini (1598-1680).

1724–1804 Immanuel Kant, filósofo prussiano, escreve inúmeros ensaios e tratados; entre eles, *Ensaio sobre o Mal Radical* (1763); *Crítica da Razão Pura* (1781-1787); *Fundamentos da Metafísica dos Costumes* (1785); *Crítica da Razão Prática* (1788); *Crítica do Julgamento* (1790); *A Doutrina do Direito, A Doutrina da Virtude* e seu *Ensaio Filosófico sobre a Paz Perpétua* (1795).

1736–1806 Claude-Nicolas Ledoux, arquiteto e urbanista francês, constrói suas obras a partir de formas puras: pirâmides, esferas e cubos.

1755–1849 A.C. Quatremère de Quincy, historiador da arte e arqueólogo francês, cujas obras mais importantes são: *Lettres a Miranda* (1796); *De L'Imitation* (1823); *Le Dictionnaire historique de l'architecture* (1832).

1777–1837 Charles Fourier, filósofo francês, membro do movimento denominado socialismo utópico. Principais obras: *Théorie des quatre mouvements et destinées générales* (1808); *Traté de l'association domestique et agricole* (2 volumes, 1822); *Le Nouveau monde industriel et sociétaire* (1829); *Pièges et charlatanisme de deux* *sectes Saint-Simon et Owen* (1831); *La Fausse industrie morcelée* (1835-1836).

1814–1879 Eugène-Emmanuel Viollet-le-Duc, nascido na Suíça, arquiteto diocesano e escritor, diretor de canteiros de obras e desenhista. Textos mais importantes: *Dictionnaire Raisonné de l'architecture Française du XIe au XVIe siècle*, (1854-1868); *Diálogos sobre a Arquitetura* (1858-1872); *Dicionário Racionalizado do Mobiliário Francês da Época Carolíngia ao Renascimento* (1858-1870); *Descrição do Castelo de Coucy* (1875); *Descrição do Castelo de Pierrefonds* (1857).

1819–1900 John Ruskin, escritor, poeta, pintor, estudioso de estética, historiador da arte e crítico britânico. Textos mais importantes: *Modern Painters* (4 volumes, 1843, 1846, 1856, 1860); *The Seven Lamps of Architecture* (1849); *Pre-Raphaelitism* (1851); *The Stones of Venice* (1853); *Architecture and Painting* (1854); *Political Economy of Art* (1857); *Unto This Last e Essays on Political Economy* (1862); *Of King's Treasuries* (1865); *Bible of Amiens* (1885); *Time and Tide* (1867); *Mornings in Florence* (1875).

1836–1914 Camillo Boito, arquiteto e tratadista italiano, é também escritor de literatura, autor de, entre outros: *Architettura del Medioevo in Italia e Sullo stile futuro dell'architettura italiana* (1880); *Il Nuovo e l'antico in architettura* (1893).

1843–1903 Camillo Sitte, arquiteto e historiador da arte austríaco, diretor da Escola Imperial e Real de Artes Industriais de Viena. Sua obra principal: *Construção das Cidades Segundo seus Princípios Artísticos* (1889).

1844–1900 Friedrich Wilhelm Nietzsche, filósofo alemão. Entre outras publicações: *O Nascimento da Tragédia* (1871); *Humano, Demasiado Humano* (1879); *O Andarilho e sua Sombra* (1880); *A Gaia Ciência* (1882); *Assim falou Zaratustra* (1884); *Para Além de Bem e Mal* (1886); *O Caso Wagner, Crepúsculo dos Ídolos, Nietzsche contra Wagner* (1888); *Ecce Homo, Ditirambos Dionísio, O Anticristo e Vontade de Potência* (póstumos).

1854–1933 Luca Beltrami, arquiteto italiano e restaurador de edificações com grande capacidade técnica.

1858–1905 Alois Riegel, arquiteto da Escola de Viena, escreve: *Der moderne Denkmalkultus* (1893). *Der moderne Denkmalkultus sein Wesen und seine Entstehung* (1903).

1866 A realização da galeria Vittorio Emmanuele em Milão.

1867–1959 Frank Lloyd Wright, arquiteto norte americano e uma figura central da arquitetura orgânica.

1873–1947 Gustavo Giovannoni, historiador e crítico da arquitetura, escreveu entre outros livros: *Vecchia città ed edilizia nuova e Il diradamento edilizio dei vecchi centri* (1913); *La Tecnica della costruzione presso i romani* (1925); *La Nuova legge sulla difesa delle bellezze naturali* (1939); *La Reale insigne Accademia di S. Luca* (1945).

1879–1955 Albert Einstein, cientista alemão, propôs a teoria da relatividade, em 1921, recebeu o Premio Nobel de Física, escreveu obras científicas e literárias entre outras: *Movimento Browniano* (1905); *Teoria Especial da Relatividade* (1905); *Teoria Geral da Relatividade* (1916); *Investigações sobre a Teoria do Movimento Browniano* (1926); *Evolução da Física* (1938); *Como Vejo o Mundo (1922-1934); Sobre o Sionismo* (1930); *A Minha Filosofia* (1934); *Meus Últimos Anos* (1950); *Escritos da Maturidade* (1934-1950).

1883–1969 Walter Gropius, arquiteto alemão, fundador da Bauhaus.

1887–1965 O arquiteto suíço Charles-Edouard Jeanneret, mais conhecido pelo pseudônimo de Le Corbusier, considerado um dos maiores teóricos de arquitetura do século xx, publicou: *Por uma Arquitetura* (1923); *Urbanismo* (1925); *Ville Radieuse* (1930-1936); *Os Três Estabelecimentos Humanos* (1945); *Viagem ao Oriente* (1966).

1888–1968 Giedion Sigfried é um engenheiro suíço, historiador e crítico de arquitetura. Foi um dos fundadores dos CIAM. Foi professor da Harvard, tornando-se diretor da Faculdade de Design. Escreveu, entre outros: *Espaço, Tempo & Arquitetura* (1941); *Walter Gropius* (1954); *Neuere Arbeiten des Brasilianischen Gartengestalters* (1956), com Robert Burle Marx.

1889–1976 Martin Heidegger foi provavelmente o filósofo alemão mais importante do século xx pela recolocação do problema do ser e pela refundação da ontologia. Alguns de seus livros: *Ser e Tempo* (1927); *Da Essência da*

Verdade (1943); *A Doutrina de Platão sobre a Verdade* (1942); *Introdução à Metafísica* (1953); *O Que é Isso – a Filosofia?* ou *O Que é a Metafísica?* (1956).

1895–1988 Louis Mumford, sociólogo, historiador e crítico norte--americano, analisou os efeitos da tecnologia e da urbanização sobre os grupos humanos ao longo dà história em vários de seus trabalhos, tais como: *The Culture of Cities* (1938); *The Condition of Man* (1944); *The Conduct of Life* (1951); T*he City in History* (1961); *The Pentagon of Power* (1971).

1897–1987 Roberto Pane, arquiteto e historiador da arte, contribuiu para formar uma geração de arquitetos com sua análise crítica e lúcida das formas, alguns de seus livros: *Architettura e arti figurative* (1948); *Attualità dell'ambiente antico* (1967); *Il rinascimento nell'Italia meridionale* (1975).

1901–1974 Louis Kahn nasceu na Estônia e imigrou para os EUA em 1905. Estudou arquitetura na Universidade Pensilvânia. Lecionou em Penn e em Yale.

1902–1983 José Luis Sert arquiteto e urbanista originário de Barcelona, fundador do grupo Este del Gatepac.

1906–1988 Cesare Brandi, italiano, formou-se em direito e literatura, crítico de arte, fundador e colaborator de numerosas revistas especializadas, produziu um grande número de obras (115 ensaios, 50 volumes e numerosos textos), entre outros: *Segno e immagine* (1960); *Teoria del restauro* (1963); *Teoria generale della critica* (1974).

1909–1992 Giulio Carlo Argan, historiador e crítico de arte e arquitetura italiano, autor de vários livros: *Studi e note* (1955); *Salvezza e caduta nell'arte moderna* (1964); *Progetto e destino* (1965); *Storia dell'arte come storia della città* (1983); *Da Hogarth a Picasso* (1983); *Clássico e Anticlássico* (1984); *Immagine e persuasione* (1986).

1909–1969 Ernesto Nathan Rogers, arquiteto italiano, diretor das revistas *Domus* (1946-1947) e *Casabella* (1953-1965) é autor de vários ensaios e importantes editoriais.

1914–1981 Jacob Berend Bakema, arquiteto holandês, participou da reconstrução de Rotterdam após a Segunda Guerra Mundial. Participou ativamente dos CIAM e fez parte do grupo TEAM X.

1914 Edward Twitchell Hall, antropólogo, professor na Universidade de Denver (Colorado), na Harvard Business School, no Institut de Technologie de Illinois, escreveu entre outros: *A Linguagem Silenciosa* (1959); *A Dimensão Oculta* (1969).

1916–2006 Jane Jacobs, jornalista da Pensilvânia, EUA, que, em 1952, se torna vice-diretora do Architectural Forum. Escreve, entre outros textos, o livro: *Vida e Morte das Grandes Cidades* (1961).

1918–1984 Kevin Linch foi professor emérito de Planeamento Urbano no Instituto de Tecnologia de Massachusetts, publicou: *A Imagem da Cidade* (1960); *A Boa Forma da Cidade* (1981).

1919 Walter Gropius funda a Bauhaus, escola de arte e arquitetura, em Weimar, na Alemanha.

1922 Semana de Arte Moderna no Teatro Municipal de São Paulo, Brasil.

1922–1988 Reyner Banham, nascido na Inglaterra, transfere-se para os EUA foi historiador e crítico de arquitetura. Escreveu, entre outros livros: *Teoria e Projeto na Primeira Era da Máquina* (1960); *A Home is not a House* (1965); *The Architecture of the Well-Tempered Environment* (1969); *Los Angeles: the Architecture of Four Ecologies* (1971); *Design by Choice* (1981).

1923– Leonardo Benevolo, arquiteto, urbanista e teórico de arquitetura italiano, recebeu entre outros, o prêmio Libera Stampa, a Medaille de Histoire de l'Art, Parigi e escreveu diversos ensaios entre os quais: *Introduzione alla architettura*; *História da Arquitetura Moderna* (ambos de 1960); *As Origens da Urbanística Moderna* (1963); *História da Cidade* (1975); *La città nella storia d'Europa* (1993); *I segni dell'uomo sulla terra* (2001).

1925 Oriol Bohigas, arquiteto de Barcelona, realiza diversos projetos de grande importância. Em 1990, recebe a Medalha de Ouro de Arquitetura da Ordem Superior dos Arquitetos da Espanha.

1925 Robert Venturi nasce em Filadélfia. Obteve o prestigioso Premio Pritzker em 1991. Ensinou em numerosas universidades (Yale, Princeton, Harvard, UCLA) e publicou: *Complexity and Contradiction in Architecture*

(1966); *Learning from Las Vegas* (1972); *Iconography and Electronics upon a Generic Architecture: A View from the Drafting Room* (1996).

1926– Carlo Aymonino arquiteto e teórico de arquitetura romano, foi diretor do Istituto Universitario di Architettura di Venezia de 1974 a 1979. Entre seus livros: *Origini e sviluppo della città moderna* (1965); *La città di Padova, saggio di analisi urbana* (1970); *Progettare gli spazi aperti* (1988); *Il significato delle città* (2000).

1926–2000 Christian Norberg-Schulz, arquiteto norueguês, importante crítico e teórico de arquitetura, autor dentre outros de: *Existence, Space and Architecture* (1971); *Genius Loci* (1980); *New World Architecture* (1988); *Principles of Modern Architecture* e *Presence, Language, Place* (ambos de 2000).

1926–2001 Milton Santos, advogado e um dos pensadores expoentes da geografia brasileira após a década de 1970, autor de cerca de quarenta livros, entre eles, *O Espaço Dividido* (1979); *O Espaço do Cidadão* (1987); *A Natureza do Espaço* (1996). Recebeu, em 1994, o Prêmio Vautrin Lud.

1927– Vittorio Gregotti, arquiteto italiano, editor de *Casabella* (1982-1996). Foi professor da Faculdade de Arquitetura de Milão, Palermo e Veneza. Escreveu dezoito livros além de diversos textos e editoriais. Entre eles: *Território da Arquitetura* (1966); *La città visibile* (1991); *Identità e crisi dell'architettura europea* (1999); *Architettura del realismo critico* (2005); *L'architettura nell'epoca dell'incessante* (2006).

1928 I Congresso Internacional de Arquitetura Moderna (CIAM) em La Sarraz, Suíça.

1929 II Congresso Internacional de Arquitetura Moderna em Frankfurt. Tema: A Habitação para o Mínimo Vital.

1930 III Congresso Internacional de Arquitetura Moderna em Bruxelas. Tema: Métodos de Construção Racionais.

1931–1997 Aldo Rossi arquiteto italiano, vencedor em 1990 do Premio Pritzker de arquitetura, é autor entre outros dos livros: *L'architettura della città* (1966); *Scritti scelti sull'architettura e la città 1956 – 1972* (1975); *Progetti*

	e Disegni 1962-1979 (1980); *Autobiografia Scientifica* (1990); *Un'educazione palladiana* (2001)

1931 Paolo Portoghesi, arquiteto romano, sempre trabalhou paralelamente no campo teórico, na pesquisa histórica, e como arquiteto. Publicou mais de cinquenta livros, entre eles: *Roma Barocca* (1966); *Dizionario di architettura e urbanistica* (1968); *Dopo l'architettura moderna* (1980); *Postmodern: l'architettura nella società post-industriale* (1982).

1932 Hertzberger, arquiteto holandês, tem uma rica produção de obras, recebendo vários prêmios prestigiosos.

1933 IV Congresso de Arquitetura Moderna no navio Patris em viagem de Marselha para Atenas. Tema: A Cidade Funcional.

1934– Bernardo Secchi, milanês, formado em engenharia, mas urbanista de profissão, professor de diversas universidades de arquitetura da Europa dentre as quais a de Veneza, publicou inúmeros textos na revista Casabella e escreveu diversos livros, entre os quais: *Analisi delle strutture territoriali* (1965); *Squilibri territoriali e sviluppo Economico* (1974); *Il racconto urbanistico* (1984); *Un progetto per l'urbanistica* (1988); *Primeira Lição de Urbanismo* (2000); *La città del ventesimo secolo* (2005).

1935 Marc Augè, africanista de formação, etnólogo e antropólogo francês, professor na École des Hautes Études en Sciences Sociales (EHESS), Paris. Autor, entre outros livros, de: *A Construção do Mundo* (1974); *O Domínio do Parentesco* (1975); *Não Lugares* (1992); *Por uma Antropologia dos Mundos Contemporâneos* (1994); *A Guerra dos Sonhos* (1997); *Disneyland e altri nonluoghi* (1999).

1935 David Harvey, geógrafo britânico, atualmente professor emérito de antropologia no centro de pós-graduação da University of New York, EUA. Autor de inúmeros livros entre os quais: *Explanation in Geography* (1969); *Condição Pós-Moderna* (1989); *Paris, Capital of Modernity* (2003).

1935–1994 Manfredo Tafuri, arquiteto italiano e teórico de arquitetura e urbanismo, funda em 1968 o Departamento de História na Faculdade de Arquitetura de

Veneza, principais publicações: *Teorie e storia* (1968); *Progetto e utopia* (1969-1972); *Storia dell'architettura contemporanea* (com Dal Co, 1976); *La architettura italiana 1944-1981* (1981-1985); *Ricerca del Rinascimento* (1992).

1936–2001 Bernard Huet, arquiteto e urbanista francês, foi redator-chefe da revista *L'Architecture d'aujourd'hui* de 1974 à 1977. Escreveu diversos textos, entre eles: *La Città come spazio abitabile, alternative alla Carta di Atene* (1984); *Formalisme-Realisme* (1977).

1937 v Congresso Internacional de Arquitetura Moderna em Paris. Tema: Habitação e Lazer.

1939 É oficializada, na Itália, a profissão do restaurador.

Charles Jencks, arquiteto norte-americano e teórico de arquitetura, autor de vários livros: *Language of Postmodern Architecture* (1977); *O Novo Paradigma na Arquitetura* (1995).

1941 Pierluigi Nicolin, arquiteto italiano, também diretor da revista de arquitetura *Lotus Internacional* e ensina no Politecnico di Milano. Entre seus textos: *Metamorfosi del progetto urbano* (1992); *Notizie sullo stato dell'architettura in Italia* (1994).

1944– Rem Koolhaas, arquiteto holandês, começou a sua carreira como jornalista. Em 2000 foi laureado com o Prémio Pritzker de Arquitectura. Principais livros: *Delirius New York* (1978); *S,M,L,XL* (1994).

1945– Henri-Pierre Jeudy, filósofo e sociólogo do Centre National de la Recherche Scientifique – CNRS e professor de estética na Escola de Arquitetura de Paris-Villemin. Autor de obras sobre o pânico, o medo, a catástrofe, as memórias coletivas e os patrimônios, publicou entre outros: *Le Désir de catastrophe* (1990); *Éloge de l'arbitraire* (1993); *L'Ironie de la communication* (1996); *La Machinerie patrimoniale* (2001); *Critique de l'esthétique urbaine* (2003).

1946– Léon Krier nasceu em Luxemburgo. É um dos principais autores do movimento New Urbanism nos EUA. Escreveu inúmeros livros e textos. Entre eles: *The Reconstruction of the European City* (1978-1984); *Building Heights and Critical Problems of Plot-Ratios* (1998).

1947–1952 Construção da Unidade de habitação de Marselha, projeto de Le Corbusier.

1965 Michelangelo Russo, arquiteto e urbanista napolitano, é professor de urbanismo na Universidade de Nápoles Federico II. Realiza pesquisas sobre as formas das mutações da cidade contemporânea e de seu projeto: *Aree dismesse. forma e risorsa della città esistente* (1998); *Città, territorio e programmazione negoziata: un modello di sviluppo locale* (1999).

1947 VI Congresso Internacional de Arquitetura Moderna em Bridgwater (Inglaterra). Não foi um congresso temático, mas sim um trabalho de reorganização.

1949 VII Congresso de Arquitetura Moderna em Bérgamo, Itália. Organização de comissões de trabalhos em função do alto número de participantes: urbanismo, artes plásticas, ensino, industrialização, legislação, programas sociais.

1951 VIII Congresso Internacional de Arquitetura Moderna em Hoddesdon (Inglaterra). Tema: O Coração da Cidade.

1951 Primeira Bienal das Artes em São Paulo, Brasil.

1953 IX Congresso de Arquitetura Moderna em Aix-en-Provence, França. Tema: Habitat.

1954 IV Centenário da cidade de São Paulo, inauguração do Parque do Ibirapuera.

1956 X Congresso de Arquitetura Moderna em Dubrovnik. Tema: Habitat, o Problema das Relações.

1959 Construção do Edifício São Vito em São Paulo, pela Zarzur & Kogan numa incorporação com as Indústrias Matarazzo.

1959 Dissolução do Congresso Internacional de Arquitetura Moderna. (CIAM)

1961 Inauguração de Brasília, nova capital do Brasil.

1972 O arquiteto inglês Charles Jencks decreta o fim do movimento moderno com a demolição de um bairro dos anos 50 em St. Louis.

1979 O arquiteto inglês Charles Jencks utiliza pela primeira vez, na arquitetura, o termo pós-modernismo, ao escrever o livro *A Linguagem da Arquitetura Pós-Modernista.*

INTRODUÇÃO

Estender o conceito de preservação de monumentos à fisionomia da cidade como um todo, tem a finalidade de gerar uma nova postura nas intervenções urbanas, cujo tecido histórico – como trama do existente – deve ser considerado dentro do seu contexto tal qual um sistema contínuo de referências para a transformação e tutela dos valores históricos e culturais.

Nessa abordagem, a importância da conservação não se limita somente a monumentos arquitetônicos, mas abrange também a arquitetura vernacular, uma arquitetura "menor", não necessariamente antiga, que reflete um determinado momento histórico da cidade, relacionando-o à formação de suas ruas e bairros. Neste caso, a conservação diz respeito também a edifícios públicos, edifícios industriais, espaços intermediários, jardins que dividem um espaço privado da rua, ou até mesmo a vazios urbanos que ao longo do tempo conseguiram estabelecer inter-relações entre o espaço urbano e os indivíduos. Ou seja, espaços públicos, privados e semiprivados.

Vale lembrar que o termo conservação vem acumulando inúmeros conceitos, equívocos e variações do mesmo teor como reestruturação, revitalização ou recuperação. Essas nuances e diferentes interpretações deveriam ser cuidadosamente estudadas e analisadas para melhor compreensão. Mas não é intenção discutir aqui sobre métodos ou técnicas dessa disciplina, embora estejam apontadas em alguns momentos do trabalho.

Quando se emprega o termo metavernacular, cria-se um neologismo que transcende o significado do termo vernacular, já que o prefixo meta exprime uma estrutura cujas ramificações, no caso, seriam as diferentes realidades de um lugar. Entende-se como lugar o espaço construído ou não da cidade contemporânea, caso das edificações vernaculares, áreas verdes, áreas de obsolescência industrial e os próprios vazios urbanos, espaços abertos ou fechados, individuais, coletivos e espaços intermediários que dividem o espaço privado da rua.

Os conceitos aqui adotados são, em sua grande maioria, criados por historiógrafos, antropólogos, arquitetos ou mesmo urbanistas italianos, discutidos há cerca de quarenta anos na Itália e mais recentemente na Europa. Na Itália, como é sabido, o sentimento de sacralidade do espaço e das preexistências sempre foi muito forte.

No Brasil, ao contrário, não existe interesse por parte do cidadão, e mesmo do arquiteto, pela arquitetura vernacular ou por espaços metavernaculares, tão apreciados no exterior. Aqui, derrubam essas construções sem se dar conta de seu significado, do quanto constituem-se em referências para criar ou modificar as relações entre os diversos aspectos do território urbano, da importância histórica que têm e que vai além dos aspectos arquitetônicos físicos e estéticos.

Este trabalho não visa propor soluções para São Paulo ou para qualquer outra cidade; embora, indiretamente, São

Paulo seja sempre pano de fundo de algumas situações e suas possibilidades.

A ideia de "não mais se expandir, mas recuperar áreas obsoletas" está sendo adotada em grande escala no mundo todo. Pontos de vista como o preconizado por Rem Koolhaas, de adotar a "tábula rasa", só são explorados teoricamente; em termos práticos são muito poucos os exemplos aplicados ou estudados.

Portanto, a ideia é analisar questões referentes a valores históricos, urbanos e de conservação, com ênfase nos bens culturais e nas relações existentes entre o patrimônio construído e a cidade, em outras palavras, espaços e arquitetura metavernaculares. Porque são espaços que deixaram signos e símbolos espaciais também na mente dos cidadãos.

Dividido em quatro capítulos, o ponto focal de cada um foi a indagação: "até que ponto o novo pode apagar a história?".

No primeiro, levanta-se a questão do espaço, a diferença de espaço e lugar, espaço público, semipúblico e privado e suas raízes. Para tanto, foram estudados e comparados os conceitos formulados por filósofos e arqueólogos a partir da Antiguidade grega, como se se tratasse da recuperação de um diálogo entre espaço e indivíduo que caracterizou a história. Destaca-se a análise do espaço coletivo e do espaço público desde as cidades gregas, pois as cidades brasileiras têm como origem e formação o modelo das cidades ocidentais gregas e latinas.

As teorias estão relacionadas com os conceitos de espaço na cidade contemporânea: do *genius loci* romano, da proxêmica e do não lugar, desenvolvidos principal e respectivamente pelo arquiteto norueguês Christian Norberg-Schulz, por Edward T. Hall, antropólogo americano, e por Marc Augé, antropólogo francês.

O segundo capítulo aborda as teorias sobre a preservação das preexistências históricas e sua importância, apontada por

Ernesto Nathan Rogers na década de 1940, bem como sua pertinência no desenvolvimento da identidade individual e social.

Correndo algum risco, o terceiro capítulo tenta definir e diferenciar a arquitetura vernacular dos monumentos, o espaço público do privado e a presença ou não de identidade e cidadania. Nesse caso, o conceito de tipologia é delineado através do ponto de vista de historiógrafos e arquitetos que o estudaram mais a fundo.

Para concluir, no quarto capítulo, é abordado o problema da extensão do conceito de conservação e o significado que isso comporta para uma cidade contemporânea e mesmo para uma metrópole.

Invejamos as cidades europeias sem perceber que mesmo no pequeno lapso de tempo que ocorreu desde a formação do Brasil e de suas cidades, demolimos ao invés de tentar manter o que é importante para sua identidade.

Lembramos que esse fenômeno acontece da mesma maneira no indivíduo; sua formação depende de suas origens, antecedentes, educação e regras; quando esses fatores não estão presentes, foram destruídos ou não fazem parte de suas reminiscências (anamnese), o indivíduo perde parte de si mesmo.

A questão espacial é também abordada na psicologia e considerada essencial na formação de um indivíduo. Convém observar, nesse sentido, que a deusa Héstia, divindade feminina primordial na Grécia, a Vesta no mundo romano, foi considerada o *coração* da vida grega, o fogo sagrado, também venerado em outras religiões antigas. Sua imagem era considerada arquitetônica, justificada pelo seu papel de guardiã dos lares e por ter sido a divindade que primeiro construiu uma casa. A psicologia atualmente considera Héstia a revisão da alma em termos de metáforas espaciais, recordando o poder que tem de conduzir a alma a um estado de moradia; a perda da Héstia, ou, melhor, da moradia, é uma ameaça para a psique como um todo; não há limites que distingam a intimidade da moradia interior e o mundo externo, pois não há uma casa psíquica que ofereça paredes protetoras.

PRIMEIRA PARTE:

AS TEORIAS

1.
O Espaço e seu Iter
no Pensamento Filosófico

*Sou propenso a acreditar que o pensamento
aristotélico em relação ao estudo de fatos
tenha aberto o caminho de maneira decisiva
para o estudo da cidade e também da
geografia urbana e da arquitetura urbana.*

ALDO ROSSI[1]

Durante séculos o pensamento filosófico concentrou sua
atenção sobre o espaço, tentando entender seu significado
mais profundo. A evolução histórica do conceito está relacionada intimamente à evolução da teoria física do espaço – a questão já existia antes de Aristóteles, mas foi ele
o primeiro a sistematizá-la. Na Grécia, naquele período,
considerava-se que filosofia e ciência eram algo único, e
esta última ainda não tinha iniciado a lenta revolução que,
com Galileu Galilei antes e com Descartes depois, permi-
tiria reconhecer sua independência e emancipação, pondo
fim à mera especulação.

De fato, Descartes, na sua *pars destruens*[2], coloca em
discussão todas as argumentações elaboradas no passado
e, com inteligência e coerência, despreza tudo, inclusive o

---

1   *L'archittetura della città.*
2   Do latim. Parte destrutiva da argumentação, que se contrapõe à parte afirmativa (*pars construens*).

profundo conhecimento protocientífico ou embrionário-científico de Aristóteles. Na reconstrução do saber, Descartes consegue dar à física as bases da ciência moderna. Como qualquer outro objeto da neociência, no pensamento cartesiano o espaço também perdeu as características subjetivas imperantes no pensamento aristotélico, que considerava o conjunto dos lugares naturais como um campo dinâmico dotado de propriedades qualitativas e direcionadas, campo esse reconhecível pelos objetos que o habitavam.

Euclides escreveu treze livros sobre geometria, trezentos anos antes de Vitrúvio elaborar os dez livros de seu *Tratado de Arquitetura*, fato que torna a geometria de Euclides um dos mais antigos estudos de ciências. No entanto, Euclides não partiu do zero; muitos dos teoremas que ele adota já eram conhecidos, em particular pelos egípcios, por quem os gregos sempre tiveram grande respeito. O que Euclides fez de realmente original foi a sistematização de um *corpus* destinado a reunir aquilo que, antes dele, era somente uma série de demonstrações teóricas e de exemplos práticos disseminados. De fato, a obra de Euclides tem dois aspectos: por um lado, trata da descrição do espaço como uma forma mental ou como fenômeno físico; por outro, ela constitui uma das primeiras e mais importantes obras de lógica. Este aspecto demanda uma dupla leitura dos *Elementos de Geometria*, seja como conteúdo axiomático, seja como conteúdo físico. Os *Elementos de Geometria* são a primeira tentativa de interligar lógica abstrata e experiência sensível, testemunhas das múltiplas origens da geometria.

Para Galileu e Newton o espaço se torna pura extensão homogênea e uniforme, pronta para ser calculada e dividida. Com Newton, triunfa o espaço absoluto, visto como um grande invólucro do universo, imóvel e infinito, identificado com Deus.

Não foi necessário muito tempo para surgirem opiniões contrárias à teoria newtoniana sobre o absoluto. Para

Leibniz, o espaço não é único e, muito menos infinito, mas absolutamente relativo quando a ordem das coexistências indica, em termos de possibilidades, a ordem das coisas que existem ao mesmo tempo, na medida em que elas existem juntas. Para se ter ideia do lugar (ocupado pelos corpos) e do espaço (resultante dos ambientes tomados conjuntamente) Leibniz afirma que "é necessário considerar aquelas relações e regras de suas mutações, sem imaginar nenhuma realidade absoluta"[3].

Espaço Absoluto e Espaço Relativo

Durante o século XIX, com o progresso da matemática, especialmente devido à leitura da realidade espacial em termos não euclidianos, os filósofos perceberam a impossibilidade de pesquisar uma pressuposta justificativa filosófica na medida em que o conceito de espaço usufruía maior liberdade e variava segundo o tipo de geometria à qual se aplicava e segundo o setor das investigações.

Kant pensou tanto no espaço quanto no tempo, considerando-os intuições puras, ou seja, condições e modos necessários para a experiência sensível. Segundo ele, o espaço é a forma em função da qual organizamos as variações dos acontecimentos simultâneos, assim como o tempo é a forma em função da qual organizamos as variações dos eventos que nos envolvem em sucessão. Assim sendo, o espaço é abstrato, sem conteúdo e sempre uniforme. Kant considerava a geometria de Euclides como a última organização desta forma de intuição, que nós aqui chamaremos de espaço. Porém, aproximadamente vinte anos após a morte de Kant, ocorrida em 1804, muitos matemáticos, entre eles Gauss, Bolyai e Lobachévski, descobriram a possibilidade

---

3 *Saggi Filosofici e Lettere.*

de pensar em outras geometrias – "geometrias não euclidianas" – que, por sua vez, se baseavam em considerações contrárias à intuição, inicialmente aceitas como jogos matemáticos.

Menos de um século depois, Albert Einstein descobriu, com sua teoria da relatividade geral, que o espaço poderia ser descrito mais claramente se fosse usada uma variante complexa da geometria de Lobachévski. Com a confirmação experimental desta teoria, a geometria não euclidiana demonstrou a própria importância, não mais considerada como lógica sem fundamento prático.

Portanto, na história do pensamento observamos uma oscilação contínua entre espaço absoluto e espaço como qualidade relativa. Segundo Einstein, estes dois conceitos de espaço podem ser contestados da seguinte maneira: 1. o espaço como qualidade relativa ao invés do mundo dos objetos materiais; 2. o espaço como recipiente de todos os objetos materiais. No primeiro caso, o espaço sem um objeto material é inconcebível. No segundo, um objeto material pode ser concebido somente como existente no espaço; o espaço aparece, então, como uma realidade superior ao mundo material. Ambos os conceitos de espaço são livres criações da imaginação humana, projetados para uma compreensão mais fácil da nossa experiência sensível.

Vale lembrar que durante séculos a geometria euclidiana reinou no setor da aplicação científica, sendo a única forma de linguagem espacial, talvez porque o espaço físico que as pessoas conhecem não é sensivelmente diferente daquele estruturado em termos euclidianos. Assim sendo, a geometria euclidiana pode ser considerada um produto natural das experiências táteis e visíveis obtidas, e certamente a maioria das justificativas iniciais de tal geometria se apoia nas referências da natureza, óbvia, de seus axiomas.

O Conceito de Espaço nas Diversas Teorias da Arquitetura Moderna

Certamente, espaço não é um termo novo na teoria da arquitetura, mas pode ter múltiplos significados. Sua definição tem se alternado na crítica moderna com outras vertentes interpretativas – aquelas que privilegiam critérios semióticos, históricos, fenomenológicos ou antropológicos. Existem posturas e correntes distintas com ou sem uma sustentação filosófica para sua teorização. Sigfried Giedion, por exemplo, usa a distinção entre externo e interno. A relação interno-externo, aspecto primário do espaço concreto, subentende que o espaço possui uma variedade de *extensão* e *fechamento*. Ou seja, ocupação e paisagem têm uma relação de figura e fundo. Kevin Lynch introduz os conceitos de nó (ponto de referência), percurso, limite e distrito sublinhando assim os elementos que constituem a base da orientação do homem no espaço.

Paolo Portoghesi define o espaço como um sistema de lugares querendo explicar que, apesar de os espaços poderem ser *descritos* em termos matemáticos, o conceito de espaço está sempre arraigado a situações concretas. O geógrafo Milton Santos, por sua vez, conceitua o espaço como "aquele cujos fixos e fluxos compõem o ambiente vivido pelos seres humanos de forma coletiva".

Em certos discursos dos anos de 1960, o espaço é sem dúvida uma condição essencial da cidade, condicionada por e condicionante de qualquer outra categoria de análise que se procure. A arquitetura corbusiana apresenta uma riquíssima concepção do espaço, onde a fluidez se articula a um sentido rigoroso do interior, do exterior e das transições; a planta livre e o terraço-jardim ampliam e multiplicam a experiência do espaço arquitetônico. Ao contrário, na escala urbana, para Corbusier, o espaço se perde na abstração, na homogeneidade e na desqualificação.

Christian Norberg-Schulz distingue sete conceitos de espaço, em ordem crescente de abstração, partindo da ideia de que espaço existencial não é um termo lógico matemático, mas compreende as relações fundamentais entre o homem e o ambiente:

1. Pragmático, de ação física – é o espaço em que o homem atua, o conceito integra o homem com seu ambiente orgânico.

2 Perceptivo, de orientação imediata – é o espaço que o homem percebe, essencial para sua identidade como pessoa.

3. Existencial, que forma para o homem a imagem estável do ambiente que o rodeia – é aquele que o faz pertencer a uma totalidade social e cultural.

4. Cognitivo, do mundo físico – conceito que implica pensar acerca do espaço.

5. Expressivo, artístico – espaço criado pelo homem para expressar sua imagem do mundo. O espaço arquitetônico é um espaço expressivo, e, como tal, sua criação é tarefa de pessoas especializadas, construtores, arquitetos e planejadores.

6. Estético – é a construção abstrata que sistematiza as propriedades dos possíveis espaços expressivos. O espaço estético é estudado por teóricos da arquitetura e filósofos.

7. Lógico – espaço abstrato das relações lógicas, que oferece o instrumento para descrever os outros espaços.

Espaço e Lugar

É importante diferenciar espaço de lugar. Lugar é onde moramos e vivemos e onde nos mobilizamos enquanto espaço é a dimensão política e ética do existir do homem sobre a terra. Norberg-Schulz, em *Genius loci*, analisa claramente esta diferença. Para ele, lugar é um espaço dotado de caráter que o distingue. Por outro lado, o termo "espaço" escreve Marc Augé, "é mais abstrato do que o de 'lugar', por cujo emprego ele se refere, pelo menos, a um acontecimento (que ocorreu), a um mito (lugar-dito) ou a uma história (lugar histórico)".

Já, para Heidegger, os espaços recebem a existência não do espaço, mas do local; o que transforma um simples espaço em um lugar é o habitar. Para ele, habitar é o escopo da arquitetura. O homem habita quando consegue se orientar em um ambiente e identificar-se com ele ou, mais simplesmente, quando experimenta até a exaustão o significado de como viver em um ambiente.

O lugar é uma parte integral da existência; é algo mais do que uma abstrata localização. Em geral, o lugar é definido por seu caráter ou pela atmosfera que dá identidade a ele. Portanto, um lugar é um fenômeno total, qualitativo, que não pode ser reduzido a nenhuma de suas características individuais, como as relações espaciais, sem perder de vista sua natureza concreta. Em tempos antigos, a sobrevivência dependia de uma boa relação com o lugar, tanto no sentido físico quanto psíquico.

Ainda em *Genius loci*, Norberg-Schulz afirma que a estrutura do lugar poderia ser descrita em termos de paisagem e de ocupação, e analisada através de categorias de espaço e caráter. Enquanto o espaço indica a organização tridimensional dos elementos que compõe o lugar, o caráter denota a atmosfera geral, que representa a propriedade mais compreensível de qualquer lugar. Para ele, todos os lugares têm caráter.

Ao invés de criar uma distinção entre espaço e caráter, pode-se empregar um conceito único, abrangente, como aquele do "espaço vivido". Mas as formas espaciais receberam, ao longo da história, interpretações sempre novas. Todavia, é importante sublinhar que a organização espacial põe limites à caracterização; portanto, os dois conceitos são independentes.

Desde a Antiguidade o *genius loci*, o espírito do lugar, foi considerado como sendo aquela realidade concreta que o homem enfrenta na vida quotidiana. Fazer arquitetura significa visualizar o *genius loci*: o papel do arquiteto é criar lugares significativos para ajudar o homem a habitá-los.

O *genius loci* é um conceito romano; de acordo com um credo antigo, cada ser independente tem seu *genius*, seu espírito guardião. Este espírito oferece vida aos povos e aos lugares, os acompanha desde o nascimento até a morte e determina seu caráter ou essência. Até os deuses têm seu *genius*, fato que explica a natureza fundamental da concepção. A finalidade existencial da edificação (arquitetura) é transformar um sítio em um lugar, ou seja, descobrir os significados potencialmente presentes no ambiente considerado. Seguindo esta mesma linha de pensamento pode-se dizer que a forma urbana é intrinsecamente conectada ao caráter da cidade e ao seu *genius loci*: "A estrutura de um lugar não é uma condição fixa, eterna; geralmente os lugares mudam e às vezes mudam rapidamente. Isto não significa que o *genius loci* deva ser modificado ou perdido"[4].

Espaço Comum, Espaço Público e Espaço Político: Seu Percurso na História

Edward Twitchell Hall, em sua leitura antropológica do espaço, enfatiza que a percepção do espaço é dinâmica na medida em que está ligada à ação e ao movimento; consequentemente, o pensamento do homem está inserido em uma série de campos que se expande e se contrai. A primeira

---

4   C. Norberg-Schulz, *Genius loci*.

espacialidade do homem foi o corpo e, a partir dele, desenvolveu-se uma série de áreas concêntricas que se expandiram em direção ao exterior. Kant escreve que o espaço público é a esfera intermediária, que se constituiu historicamente, no período do Iluminismo, entre a sociedade civil e o Estado.

Dominique Wolton no livro *Internet e poi* faz uma distinção entre o espaço comum, o espaço público e o espaço político. Segundo ela, o espaço comum é o primeiro espaço social que surge. É representado pelas trocas comerciais, e possui o equivalente universal da moeda como meio para compensar a heterogeneidade das línguas. Mas todos sabem que no comércio, como provaram a cidade de Veneza, a Liga Hanseática e, antes delas, os armênios, os fenícios e outros povos, não se trocam somente os bens e os serviços, mas também os signos e os símbolos, que progressivamente vão tecendo um espaço de familiaridade e até de segurança.

O termo "comum" aparece no século IX; deriva do latim *communis* e está ligada à ideia de comunal e de comunidade. Um espaço comum é simultaneamente físico, definido por um território, e simbólico, definido por redes de solidariedade.

O primeiro conceito de espaço público, isto é, aquele relativo à arquitetura do final da Idade Média, designava o elemento físico: a estrada, a praça, o comércio e as trocas. Somente a partir dos séculos XVI e XVII, o espaço físico público se tornou simbólico, pela separação entre o sagrado e o temporal, e o progressivo reconhecimento do estatuto da pessoa e do indivíduo diante da monarquia e do clero. Este movimento durou dois séculos. A redefinição do privado permitiu, como contraponto ao espaço público, definir-se e afirmar-se. O termo público apareceu no século XIV e deriva do latino *publicus*, isto é, que diz respeito a "todos". Público remete a "tornar público", do latim *publicare*; pressupõe, portanto, a ampliação do espaço comum e a atribuição de um valor normativo acessível a todos.

Na passagem do espaço comum ao espaço público, sempre segundo Wolton, verifica-se algo que se tornou posteriormente uma característica da democracia, mais especificamente, a valorização do indivíduo e a complementação do princípio de liberdade.

O espaço público torna possível o nascimento do espaço político, o "menor" dos três espaços, no sentido mais restrito. Sempre houve um espaço político, a especificidade da política democrática moderna reside no alargamento do espaço político, paralelamente ao movimento de democratização. A palavra emerge entre o século XIII e XIV, do latim *politicus*, tomando da palavra grega *politikos* a ideia essencial da arte de gerir os assuntos da cidade. Existe, portanto, não só um desafio suplementar em relação ao espaço público, que é o poder, mas existe também um princípio de fechamento mais restrito, ligado aos limites territoriais sobre os quais se exerce a soberania e a autoridade. Em *O Declínio do Homem Público*, Richard Sennet elabora, entre outras coisas, uma versão do termo "público" logicamente associado a um público urbano diverso, ou seja, "cosmopolita". De acordo com o emprego francês registrado em 1738, cosmopolita é um homem que se movimenta despreocupadamente em meio à diversidade, que está à vontade em situações sem nenhum vínculo nem paralelo com aquilo que lhe é familiar. Dessa maneira, "público" veio a significar uma "vida que se passa fora da vida da família e dos amigos íntimos; na região pública, grupos sociais complexos e díspares teriam que entrar em contato inelutavelmente. E o centro dessa vida pública era a capital"[5].

Em resumo: o espaço comum diz respeito à circulação e à expressão; o espaço público, à discussão; o espaço político, à decisão.

---

5 R. Sennet, *O Declínio do Homem Público*.

Espaço Público, Espaço Privado

De acordo com Hertzberger, os espaços públicos e privados correspondem aos conceitos de coletivo e individual[6]. Podemos dizer que público é a área acessível a qualquer cidadão e sua manutenção é de competência da coletividade. O privado consiste em uma área cuja posse e manutenção responde aos interesses de um ou mais indivíduos específicos.

Ao longo do tempo existiram diferentes conceitos de espaço público urbano. Jeff Weintraub define dois tipos de espaço público na Europa: um clássico de origem greco-romana e outro moderno, ligado à diversidade de uma cidade multifuncional e socialmente miscigenada[7]. Na concepção clássica, o espaço público se apoia no espírito de cidadania, ou seja, na participação coletiva da tomada de decisões. A ágora era o espaço que – inserido na pólis autônoma, deliberativa e democrática – representava o espírito público, de discussão e confronto, desejado pela população. Na visão moderna, decorrente da ampliação do território da cidade industrial europeia, ocorre uma redução significativa do espaço público, coincidindo com a trama das ruas e praças da cidade.

A rua tornou-se um espaço da sociedade de uma cidade difusa. Mais do que um marco de atividades e de participação política, concentra-se em edifícios e instituições específicas; a norma é que a rua se configure como a rede de espaços onde se dá a convivência coletiva quotidiana. Em geral, o conceito de interior privado se manifesta na soleira, que separa e une o interior com o exterior e confere ao exterior público sua presença particular. Segundo Luis

---

6   *Lições de Arquitetura.*
7   Apud R. Lopez de Lucio, El Espacio Publico en la Ciudad Europea: Entre la Crisis y las Iniciativas de Recuperación. Implicaciones para Latinoamerica, *Revista de Occidente*, 230/231, p.241.

Khan, "a rua é uma sala de espera [...] A rua é dedicada à cidade por todo proprietário de uma casa"[8].

David Harvey define o conceito de espaço como "multidimensional", na medida em que possui um significado diferente segundo a formação cultural, a capacidade de percepção e o escopo científico. Se aceitarmos esse propósito "multidimensional", perceberemos que ele pode ser explícito em várias e apropriadas geometrias.

Na história existem muitos exemplos que ilustram o papel de reunião dos fulcros urbanos: a ágora grega, o fórum romano, os mercados medievais e as praças das catedrais. No continente europeu a catedral é precedida de um espaço urbano que serve para unificar o interior simbólico do edifício com a cidade em seu conjunto. Reunir significa colocar juntos significados diferentes, políticos, econômicos, de lazer.

Na Grécia antiga, a ágora era a praça onde se vivia a democracia, lugar de encontro e de confronto, para se conhecer novas pessoas e ter novas experiências; era o fulcro da vida social e civil; local em que as pessoas se encontravam para discutir negócios, política e também onde se rezava. O termo está relacionado à raiz do verbo *agheiro* que exprime a ideia de reunião. A acrópole grega (do nome *akros*, alto; *polis*, cidade) definia na Grécia antiga a parte alta dos vários núcleos residenciais, onde residia o soberano e onde eram colocados os santuários mais importantes; ali se refugiava a população da cidade baixa em casos de ataque do inimigo. O espaço público das ágoras estava localizado no bairro operário do Ceramico, assim chamado devido às várias oficinas de ceramistas que ali viviam, portanto, o ponto mais frequentado da cidade. Era também lugar de mercado; o espaço, deixado livre pelos pórticos e por várias edificações, era invadido por construções

8   Apud C. Norberg-Schulz, op. cit.

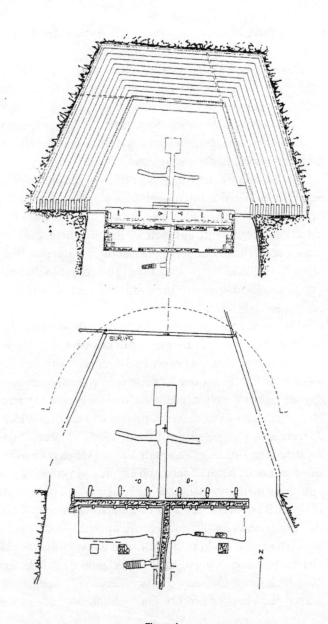

Figura 1
Reconstrução gráfica do teatro grego de Democopos, construído no século v a.C. (Siracusa, Itália).

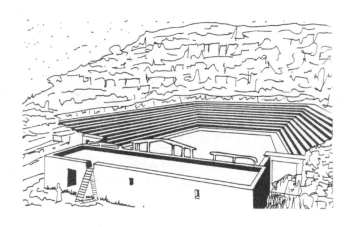

Figura 2
Perspectiva do teatro grego de Democopos.

provisórias de lojas e laboratórios, visitado por habitantes de cidades e subúrbios vizinhos.

A ideia de lazer como a concebemos hoje nasceu a partir da segunda metade do século XX; na Idade Média, ele fazia parte do trabalho. Para os camponeses e artesãos, e, de certa maneira, para a burguesia, não existia lazer. As férias existiam somente para as universidades e tribunais.

O lazer seguia o ritmo das estações do ano, portanto, no inverno as atividades eram limitadas; na primavera e no verão, a população ocupava-se de jardinagem e passeios. O povo aproveitava as festas litúrgicas como o Carnaval, a Quaresma e outras, para se distrair. Na Itália, "O ciclo dos doze dias", de dezembro a janeiro, ou a *festa dei folli*, que tem origem em ambientes eclesiásticos, logo ocuparam as ruas e se tornaram uma forma de contestação à ordem social estabelecida.

Uma das ocupações preferidas era a caça com cães ou falcões, atividade de lazer para os nobres enquanto para os pobres significava necessidade. O mesmo valia para a

Figura 3
Esquemas de um teatro grego-romano,
à esquerda a orquestra e à direita a cávea.

pesca. Os nobres organizavam suntuosos banquetes por ocasião de casamentos, torneios ou vitórias militares, com duração de vários dias, além de atividades culturais como a leitura, arte e música. O povo se divertia com jogos tipo dama, xadrez, dados ou jogos em grupo, um dos quais deu origem ao futebol. Os espetáculos alegravam as ruas e praças. Muitas vezes ligados à religião, eram caracterizados pela procissão de quadros ao vivo ou carros alegóricos.

Na era medieval, renasce o teatro que utilizava como espaço de representação os ambientes sagrados das igrejas e as praças nos dias de mercado; mesmo as tavernas e os pátios internos das habitações se tornaram palco natural para as primeiras representações sacras. Os primeiros teatros fixos na Europa surgiram às margens de centros históricos: em Londres, no século XVI, perto do rio Tâmisa, ao lado dos portos fluviais em uma área já dominada por tavernas e mendigos; já em Paris, foram erguidos fora das muralhas, em direção ao campo, reforçando a antiga discriminação de manter o mundo da arte afastado das igrejas e das praças[9]. Somente

---

9 F. Ronci, Giullari: Il tempo e lo spazio scenico nel medioevo, em <http://www.medioevo.com>.

Figura 4
Festa dei folli na Itália.

no Renascimento surge a ideia de construir uma grande sala coberta na qual os lugares do espectador tornam-se fixos.

A sede das assembleias políticas era a igreja ou mesmo os cemitérios, locais de predicação e, às vezes, as bodegas. A construção de edifícios públicos era rara e só ocorreu entre o século XIV e XV em algumas cidades como Bolonha, Siena, Florença, Paris, Avignon e Londres[10].

Anthony Vidler afirma que o paralelismo entre teatro e rua era decorrente da variedade de funções do espaço urbano e teatral na cultura humanística[11]. A construção de rua no teatro trouxe a realidade para dentro da representação, e a memória de um permitia a observação e, talvez, a crítica do outro.

10 J. Heers, *La città nel medioevo*.
11 Los Escenarios de la Calle: Transformaciones de Ideal y la Realidad, em S. Anderson (ed.), *Calles: Problemas de Estructura y Diseño*.

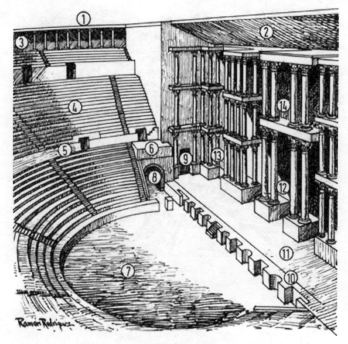

ELEMENTOS DO TEATRO LATINO

1. CAVEA
2. SCAENAE FRONS
3. PORTICUS
4. CUNEUS
5. PRAECINCTIO
6. TRIBUNAL
7. ORCHESTRA
8. ADITUS MAXIMUS
9. VERSURA
10. PROSCAENIUM
11. PULPITUM
12. VALVA REGIA
13. HOSPITALIA
14. COLUMNATIO

Figura 5
Corte esquemático de um teatro romano.

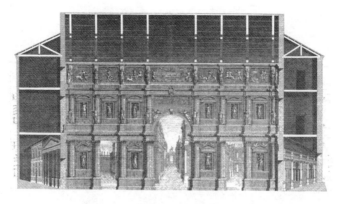

Figura 6
Teatro Olímpico de Palladio
em Vicenza, Itália.

Leon Battista Alberti já havia elaborado o programa para o planejamento da rua renascentista. Havia classificado as diferenças que se davam entre as ruas dentro e fora da cidade, ressaltando também, segundo sua importância, as que ficavam no interior das muralhas. As ruas da cidade teriam um aspecto uniforme, com edifícios da mesma altura. Nos cruzamentos das ruas havia arcadas ou arcos de triunfo que, por sua vez, atuariam como portas das habitações públicas. Era necessário proteger as ruas principais e as intersecções por meio de pórticos.

Desta forma, ao materializar-se na cidade, a rua teatral tornou-se uma forma de ordem pública, que demonstrava a unidade de cidadania existente em todo o âmbito urbano por meio de seu artifício visual e técnico.

A rua foi originalmente espaço para revoluções, celebrações e, ao longo de toda a história, podemos notar como, de um período para o outro, os arquitetos projetaram o espaço público no interesse da comunidade a que de fato serviam.

Até meados do século XIX, existiam poucos edifícios públicos, e mesmo eles eram mistos. O acesso público a igrejas, templos, bazares, teatros e universidades sofria certas restrições

Figura 7
Desenho de Piranesi da Praça S. Pedro,
projeto de Bernini, de 1656-1667.

impostas pelos encarregados de sua manutenção ou ainda por seus proprietários. Os verdadeiros espaços públicos eram ao ar livre. Inicialmente, os edifícios públicos foram construídos com recursos fornecidos pela comunidade. Com a Revolução Industrial, o desenvolvimento dos sistemas de produção e distribuição abriu um novo mercado de massa, que gerou uma proliferação de lojas de departamentos, exposições mundiais, mercados cobertos e construções de redes de transportes públicos, com estações ferroviárias e de metrô.

A razão mais importante para o intercâmbio social sempre foi o comércio que, em qualquer vida comunitária, ocorre de certa forma nas ruas.

Neste período são inúmeras as propostas de filósofos, arquitetos e políticos que pensam sobre a cidade. Propostas visionárias possuem em comum – tanto na França quanto na Inglaterra – a ideia estruturada da cidade com pórticos. Instrumento positivo que favorece a atividade social, o pórtico é a forma estética que reconcilia a sociedade.

Demarcações Territoriais:
Os Novos Conceitos de Espaço
Público e Privado

A cidade moderna propõe temas e problemas que, em combinações diversas, são reencontrados em todo lugar e que, portanto, podem tornar-se objeto de reflexões gerais, enquanto não se encontram características idênticas nas cidades contemporâneas do mundo ocidental.

Mas, faz-se necessário um breve esclarecimento sobre o que entendemos por cidade moderna; e o que entendemos por cidade contemporânea, o que mudou, o que se conservou. A passagem de uma época para outra não é improvisada; cada forma desenvolvida contém, dentro de si mesma, resquícios da forma precedente e isto se verifica – em maior ou menor grau – em todas as épocas históricas.

Os arquitetos do movimento moderno preconizaram um novo modelo de cidade onde o espaço público deveria ser maior. Ele não se limitaria às ruas, avenidas e praças. Englobaria os edifícios residenciais, que não se fechariam em habitações, mas estariam inseridos em uma paisagem ilimitada e verde: é uma nova utopia de cidade integrada à natureza. Mas, o "fluir" contínuo de espaço, que mal distingue o interior do exterior, não pode se adaptar em uma situação urbana. De certa maneira, pode-se dizer que a ocupação urbana moderna é concebida como uma casa ampliada ao invés de lugar urbano. Na cidade é fundamental uma clara distinção entre os domínios público e privado, o espaço não pode fluir livremente. A relação interno-externo, aspecto primário do espaço concreto, subentende que o espaço possui uma variedade de extensão e fechamento. Ou seja, ocupação e paisagem têm uma relação de figura e fundo. Segundo Edward Hall, em *Dimensione nascosta*, "a percepção espacial não compreende somente tudo o que é percebido, mas também aquilo que é excluído".

Além do que, o estilo Internacional estava atrelado às questões do homem-tipo (biologicamente idêntico, independentemente de seus valores sociais e culturais) e, consequentemente, à habitação como "máquina de morar". Admitindo um modelo de homem universal, reduziu-se a vida urbana àquelas quatro funções básicas – habitação, lazer, trabalho e circulação – e ignorou-se as condições específicas do local tanto em termos físico-ambientais quanto sócio-culturais. Surgiram concepções de cidades baseadas em princípios formais e funcionais, com tendência a uma maior homogeneização dos espaços urbanos.

Para Gregotti, a complexidade funcional, isto é, a mistura de usos e atividades, é condição básica para que ocorra viabilidade de um espaço público urbano. Na cidade clássica, a sobreposição de habitação, comércio, serviços de base, equipamentos públicos e privados médios, pequenos escritórios, cria as condições corretas. As técnicas de zoneamento asseguram a uniformização funcional e social, reduzindo a complexidade urbana.

A cidade contemporânea, sede de mudanças contínuas, parece um confuso amálgama de fragmentos heterogêneos, no qual não é possível reconhecer nenhuma ordem, nenhum princípio de racionalidade que a faça inteligível.

Por isso, tanto a cidade contemporânea como a antiga, são lugares privilegiados da miscigenação e da simultaneidade – de casas e oficinas, de escritórios e lojas, de equipamentos públicos e privados, de linguagens arquitetônicas, de culturas, figuras sociais, técnicas produtivas, produtos. Partes da cidade, materiais urbanos e formas espaciais, pertencentes a diversos períodos da história, mesclam-se a outros materiais, formas, figuras e técnicas que anunciam aspectos do futuro e da modernidade.

Entretanto, muitas das mudanças da cidade contemporânea têm suas raízes profundamente incrustadas na modernidade, ou, ao menos, na sua última fase industrial.

Na cidade contemporânea, caracterizada cada vez mais por uma presença proeminente da economia e do consumismo, ocorre uma transformação radical dos modos como se produz espaço urbano e espaços públicos. O espaço público e seu domínio, sua qualidade estética e o seu poder de socialização nunca foram o resultado de um acontecimento casual, mas da percepção e da vontade civil. Pois o espaço público urbano é o lugar privilegiado do exercício da cidadania e da expressão dos direitos civis: uma cidade que funciona exclusivamente com o automóvel, organizada em centros especializados e fechados, não facilita o progresso da cidadania, tendendo à segmentação, individualismo e exclusão. De acordo com o pensamento de Marc Augè, um espaço descaracterizado, abstrato, deixa de ser inerte a partir do momento que o corpo, graças a sua mobilidade o incorpora, dando ao espaço uma animação virtual, tornando-se figura e fundo de sua própria história. Por outro lado,

> alguns dos mais evidentes aspectos visíveis da cidade contemporânea – fragmentação, heterogeneidade e dispersão – têm sido muitas vezes atribuídos às numerosas e sucessivas ondas de progresso técnico ocorridas no campo das comunicações e do transporte [...] o primeiro, na primeira metade do século XIX, vinculado à melhoria da rede viária e ao início do transporte ferroviário; o segundo, na segunda metade do mesmo século, relacionado ao pleno desenvolvimento das redes ferroviárias e do telégrafo; o terceiro, na primeira metade do século XX, ligado ao desenvolvimento rodoviário e ao rádio; o quarto, na segunda metade do século, ao desenvolvimento da eletrônica e da telemática e o quinto, que provavelmente, inicia agora, relacionado à convergência, desses desenvolvimentos tecnológicos, em complexas redes telemáticas e mecânicas[12].

12 B. Secchi, *Primeira Lição de Urbanismo*, p. 94.

Ao mesmo tempo, a moderna revolução cibernética mudou definitivamente alguns dos parâmetros clássicos de socialização. Surgem os não lugares descritos por Augé:

> as estradas de rodagem, os aeroportos, os grandes centros comerciais, compartilhados por milhões de pessoas, são exemplos mais evidentes, além de cinemas, estádios, aeroportos, discotecas, ginásios de esportes, parques de diversão. Lugares onde muito frequentemente se sente certa nostalgia pelo passado, como no espaço para pedestres e climatizado do *shopping center*, organizado como o centro antigo de uma pequena cidade europeia[13].

Diferentemente destes pseudoespaços públicos, a utilização do espaço público não está submetida a outras regras nem códigos de comportamento além daqueles de direito civil geral. As atividades lúdicas e políticas são permitidas (dentro de certos limites), sem que sejam submetidas aos imperativos do consumismo:

> Esses novos equipamentos urbanos, em geral, não encontraram espaço dentro da cidade existente e de seu sistema de compatibilidade e incompatibilidade [...]. Por isso, graças à mobilidade permitida pelo automóvel e pelas novas técnicas de transporte coletivo, embora não por sua causa, os novos equipamentos, comportando hotéis, salas de congresso, ginásios e equipamentos esportivos – isto é à semelhança da mescla, diversificação e articulação da cidade antiga – acabam dispersos em um território cada vez mais imaginado como um grande *campus*, um parque de objetos e fragmentos da cidade, isolados e livremente dispostos no verde[14].

Nesse sentido, como já observou o urbanista espanhol López de Lucio, a falta de continuidade espacial do tecido urbano, provocada pela formação de áreas autônomas, segregadas entre si por estradas ou vazios, pode gerar uma sociedade

---

13 M. Augé, *Non luoghi*.
14 B. Secchi, op. cit., p. 103.

Figura 8
Um *shopping center* visto do alto.

desestruturada. Quando as escalas se tornam grandes demais ou a conservação e a administração de uma área comunitária não podem mais ser entregues àqueles que estão diretamente envolvidos nelas, tornando necessária uma organização especial, não é possível formar espaço público.

No mundo todo encontramos graduações de demarcação do território, acompanhadas pela sensação de acesso. Às vezes o grau de acesso é uma questão de legislação, mas, em geral, é exclusivamente de convenção respeitada por todos. O conceito de intervalo é a chave para eliminar a divisão rígida entre áreas com diferentes demarcações territoriais.

Nos espaços intermediários, onde os moradores sentem-se mais inclinados a expandir sua esfera de influência em direção à área pública, a qualidade deste espaço será consideravelmente aprimorada no interesse comum. A soleira, espaço de transição entre a rua e o espaço privado, é tão importante para encontro sociais entre vizinhos, quanto as paredes são em fornecerem a privacidade.

Por outro lado, é importante criar níveis mínimos de integração social entre a população. Pouco importa a magnificência dos projetos urbanos criados; se não existe coesão, é impossível assegurar a vitalidade do espaço público. A alternativa é a retração na privacidade, o ócio ou o consumo oferecidos pelo setor privado.

Sob esse aspecto são interessantes os estudos de Hall sobre a proxêmica, que pode ser explicada como sendo uma técnica de leitura da espacialidade, como um canal de comunicação.

A comunicação proxêmica constitui-se no jogo de distâncias e proximidades que entrelaçam as pessoas e o espaço. Traduz as formas como nos colocamos e movemos uns em relação aos outros, como gerimos e ocupamos o nosso espaço envolvente. A relação que os comunicantes estabelecem entre si, a distância espacial entre eles, a orientação do corpo e do rosto, a forma como se tocam ou se evitam, o modo como dispõem e se posicionam entre os objetos e os espaços, permite-nos captar mensagens latentes.

A proxêmica nos ajuda a entender o significado de espaço. Não nos diz o quê, nos espaços abertos, é necessário conservar ou destruir. Mas nos lembra que hoje, neste setor, estamos conservando ou destruindo, indiscriminadamente, algo que não conhecemos e que frequentemente ignoramos o peso ou mesmo a existência. Como toda ciência, portanto, oferece-nos os argumentos para uma conscientização mais clara de nossa situação[15].

Em última instância, o espaço público se reduz à "habitação familiar", como afirma Javier Echevarria. Passear por ruas e praças da cidade não é mais necessário. O indivíduo se conecta na Internet e participa virtualmente do mundo. Ou seja, a perspectiva do espaço público pós-moderno apresenta dois aspectos: na sua contração virtual dentro do

---

15   Umberto Eco apud E. T. Hall, *Dimensione nascosta.*

Figura 9
A soleira da porta.

Figura 10
Pórticos na Itália.

âmbito de uma privacidade ligada à TV e ao PC, até uma concepção instrumental vazia de conteúdos sociais e degradada à redução dos não lugares.

Para Marc Augé, se um lugar pode se definir como identificador, relacional e histórico – por sua vez, um espaço que não pode se caracterizar como possuidor de uma identidade, nem como relacional, nem como histórico, definirá um não lugar.

O espaço do não lugar não gera nem identidade individual nem relação, mas sim solidão e similitude. Porém, os códigos e regras de comportamento nos não lugares são iguais e isto oferece sensação de segurança ao indivíduo. "O não lugar é o contrário da utopia: ele existe e não abriga nenhuma sociedade orgânica"[16].

Figura 11
Um não lugar: o Cebolão da
Marginal Pinheiros/Marginal Tietê, São Paulo.

---

[16] M. Augé, op. cit., p. 101.

2.
A Consciência Popular
e os Valores Históricos,
Urbanos e de Conservação
da Cidade

> *Enquanto nas cidades gregas os edifícios eram corpos articulados, compostos por componentes individuais, os monumentos romanos não foram concebidos para serem organismos independentes, mas sim conjuntos integrantes e espaços fechados no interior de um complexo urbano maior.*
>
> C. NORBERG-SCHULZ[1]

Na Europa, particularmente na Itália, as inter-relações entre as pessoas, a cidade, a arquitetura, o *design*, a moda e até mesmo o próprio quotidiano são permeadas pela história. A formação urbana resulta de um grande número de sobreposições ao longo dos séculos. A cidade não é apenas uma somatória de edificações, ela tem um passado e uma forte ligação com o território onde os traçados históricos são sempre respeitados. É em razão dessa convivência, diretamente vinculada aos valores ancestrais, que o povo italiano tenta se afirmar.

Quando Bernardo Secchi afirma que "a história da cidade europeia é a história da lenta modificação dessas relações entre o corpo e o espaço aberto ou coberto, coletivo ou privado"[2], podemos supor a mudança das ideias e das relações sociais, como também a inércia das formas espaciais:

---

1   *Genius loci*, p. 138.
2   *Primeira Lição de Urbanismo*, p. 158.

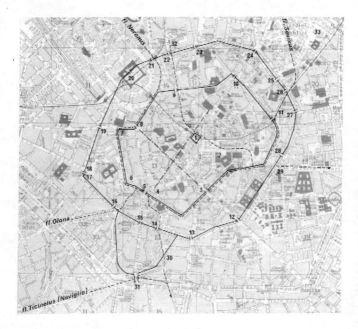

Figura 12
Muralhas romanas do século I sobrepostas ao
mapa de Milão de 1980

A suposta cidade barroca, como a neoclássica e depois a moderna, nunca conseguirá conquistar todo o espaço urbano. Mas cada uma das formas de cidade do passado, mais que depositar arquiteturas no território, deixou a ideia e o testemunho de uma experiência espacial diversa, em particular, de uma experiência diversa do espaço aberto, individual e coletivo e de sua relação com aquele coberto[3].

Nesse sentido, os centros antigos e a cidade moderna constituem obviamente um patrimônio para toda a coletividade. Neles, gradualmente, concretizou-se a história de sociedades inteiras e de culturas do passado. Muitas de suas características táteis, visíveis, sonoras e olfativas estão ainda

3   Idem, ibidem.

Figura 13
Praça do Duomo em Milão.

Figura 14
Praça em Siena.

presentes ou vivas na memória de alguns de seus habitantes; não surpreende que alguns queiram, com diferentes intenções, conservá-las.

Por outro lado, o crescimento da cidade antiga, tendo como referências contextos sociais bem estáticos e de lenta transformação, favoreceu uma construção organizada por necessidades comuns, uma espécie de senso estético coletivo expresso por uma comunidade que poderia ser considerada homogênea, segundo modelos adquiridos coletivamente.

> Desde a Antiguidade mais remota, a cidade configurou-se como um sistema de informação e de comunicação, com uma função cultural e educativa. Já na época de Homero, a cultura era considerada, acima de tudo, o conhecimento das cidades. Os monumentos urbanos tinham uma razão não apenas comemorativa, mas também didática: comunicavam a história das cidades, mas comunicavam-na dentro de uma perspectiva ideológica, ou seja, tendo em vista um desenvolvimento coerente com as premissas dadas[4].

Realizar uma construção, mesmo quando determinada por exigências de ordem prática, sempre foi um dos meios utilizados pelo homem para representar, mais ou menos conscientemente, a própria noção de vida social, da qual a arquitetura e o desenho urbano serão sempre sua concretização.

Sob este ponto de vista, também podemos considerar primária a habitação como objeto de conhecimento e de construção da cidade. Cada casa tem raízes profundas na cultura de um povo e também nas estratificações da história, mas é a partir da Idade Média que a hierarquia social e econômica muda, com a transferência do campo para a cidade da burguesia nascente e das riquezas emergentes de alguns senhores rurais.

4   G. Argan, *História da Arte como História da Cidade*.

Tipologia Arquitetônica

Entender o significado da relação entre tipo arquitetônico e forma urbana é fundamental para compreender a estruturação urbana e para subsidiar a metodologia do projeto arquitetônico e urbanístico.

Na cultura arquitetônica da cidade tradicional na Europa, a estreita ligação entre habitação e cidade é tal que, em muitos casos, torna indivisível a relação entre tipo de edificação e a própria forma da cidade. A identificação entre arquitetura e cidade, sem dúvida, resulta mais forte na cidade histórica e, cada vez menos, na cidade contemporânea.

A tipologia não significa uma simplificação da complexidade, nem a construção de modelos simples e repetíveis que possam oferecer fundamentos a certas disciplinas arquitetônicas. É, ao contrário, a pesquisa de um sentido, ou de muitos possíveis sentidos que vão além da forma na qual o objeto é delimitado, é a pesquisa do sentido oculto das coisas pela estratificação de imagens e significados, dos quais o objeto é depositário. Um sentido que somente se pode colher percorrendo todos os significados, tempos e, alcançando, assim, a desvinculação "do tipo como forma"

Embora os estudos de tipos e a prática da tipologia remontem aos séculos XVIII e XIX quando pesquisadores da arquitetura buscavam os tipos e modelos dos "projetos ideais", os estudos foram particularmente desenvolvidos pelo tratadista francês Quatremére de Quincy que tentou criar um nexo entre tipologia construtiva e morfologia urbana, como uma reação à arquitetura e ao urbanismo modernos – e retomados principalmente por arquitetos ou historiógrafos italianos, entre eles, Carlo Aymonino, Giulio Carlo Argan, Vittorio Gregotti e Aldo Rossi.

Eles se interessaram de modo bem específico em estudar e aprofundar os conceitos de tipo. Inúmeros outros autores se dedicaram ao estudo da tipologia arquitetônica, mas é a partir do ponto de vista de cada um desses quatro estudiosos que se tentará aqui entender seu amplo significado. Aymonino tem um enfoque mais urbano; Argan, como é esperado, aborda a questão sob um aspecto ligado à história da arquitetura; Rossi tem uma visão ligada à morfologia da arquitetura, enquanto Gregotti analisa a semântica da tipologia do território urbano.

Todos os quatro são unânimes ao afirmar que o tipo é uma concepção totalmente antimoderna da forma, compreendida não como ato de afirmação e definitivo, mas como reabertura da dimensão de possibilidades e novos significados de um objeto.

"Os instrumentos da morfologia urbana e da tipologia arquitetônica", afirma Carlo Aymonino,

> servem para análises – comparativas ou não – do "existente" (compreendem também as soluções não realizadas ou realizadas parcialmente, como parte integrante de uma história urbana) mudando substancialmente seu valor[5].

O importante é que a relação entre tipologia construtiva e morfologia urbana se mantenha como parâmetro de referência que una o passado e o presente.

Para Aldo Rossi, o tipo vai se constituindo segundo necessidades e segundo aspirações de beleza; único, se bem que bastante variado em diferentes sociedades, e que está ligado à forma e ao modo de vida. Portanto, é lógico que o conceito de tipo se torne um fundamento para a arquitetura e seja aplicado tanto na prática como nos tratados.

Rossi usou o conceito de tipo e "modelo" de Quincy:

> A palavra tipo não representa tanto a imagem de uma coisa a ser copiada ou imitada perfeitamente, como a ideia de um elemento que deva servir de regra ao modelo [...] O "modelo", entendido segundo a execução prática da arte é um objeto que deve se repetir tal como é; o tipo é, pelo contrário, um objeto

---

5   *Il significato delle città*, p. 145.

segundo o qual, qualquer pessoa pode conceber obras que não se assemelharão entre si. Tudo é preciso e fornecido pelo modelo, tudo é mais ou menos vago no tipo[6].

A partir desse conceito, ele enfrentou a discussão sobre a arquitetura da cidade e a importância de sua continuidade histórica, estudando os elementos dos quais as cidades são compostas e a forma como eles se agrupam para formar os bairros, identificando o tipo como o elemento fundamental da arquitetura.

O nascimento de um tipo está condicionado ao fato de já existir uma série de edifícios que têm entre si uma evidente analogia formal e funcional: em outros termos, segundo Argan quando um tipo se fixa na prática ou na teoria arquitetônica ele já existe – numa determinada condição histórica da cultura – como resposta a um conjunto de exigências ideológicas, religiosas ou práticas. Acrescida com o pensamento de Aymonino, a tipologia arquitetônica se torna um instrumento indispensável não tanto pela classificação do existente, como por indicações operativas de projeto, ou seja, não é mais um método de análise das necessidades, mas sim a catalogação de protótipos que já definiram e resolveram aquelas mesmas necessidades.

"Nenhum tipo se identifica com uma forma mesmo se todas as formas arquitetônicas sejam relacionadas a tipos", afirma Aldo Rossi[7]. A tipologia, segundo ele, se apresenta como o estudo de tipos dos elementos urbanos – não mais reduzíveis – tanto de uma cidade como de uma arquitetura. Assim sendo – nota Argan – as séries tipológicas não se formam na história da arquitetura apenas em relação às funções práticas dos edifícios, mas especialmente em relação à configuração deles. Isto é, o tipo é sempre deduzido da experiência histórica; trata-se, porém, de observar por

6   *L'architettura della città*, p. 31.
7   Idem, p. 32.

Figura 15
Diferentes disposições de objetos em um terreno.

que, no processo ideativo do artista que traça o projeto de uma obra arquitetônica, a experiência da história se apresenta, ao menos em parte, como esquema tipológico.

O tipo é uma constante mesmo quando pré-estabelecido, estabelece uma dialética com a técnica, as funções, o estilo e com o caráter coletivo e específico do objeto arquitetônico.

Para Gregotti, a tipologia – disciplina que se ocupa de discutir, classificar e fundamentar os tipos – constitui-se, pelo conjunto de seus resultados e métodos em matéria importante para a arquitetura. Porém, são muitas as disciplinas, além da arquitetura, que empregam o conceito de tipo, da economia à sociologia, da matemática à literatura. Assim sendo, "um mesmo fenômeno, pode ser submetido a esquemas tipológicos diversos, segundo a ótica com que se analisem suas relações constitutivas internas e referenciais e segundo a utilização que se queira fazer daquele fenômeno"[8].
Portanto, pode-se falar em

8   V. Gregotti, *Território da Arquitetura*, p. 148.

tipos de ambientes geográficos, de recobrimento agrário do solo, de tipos de utilização funcional, de tipos de circunscrições formais, de tipos de circunstantes, de tipos de tecido urbano, de tipos de cidade, de tipos de construção, de tipos de bens de consumo, etc., mas é possível corresponder a cada um destes mesmos tipos diversas ordenações tipológicas ou remontar a diversos tipos ideais[9].

Aymonino reitera que não existe uma única definição de tipologia arquitetônica; esta é redefinida a cada vez, em função das pesquisas que se queiram realizar. De acordo com ele, o conceito de tipologia encontrou, ao longo do século XIX, um campo de aplicação principalmente nos equipamentos urbanos destinados à coletividade que, exatamente por se apoiarem em exemplos tipológicos, tornavam-se pontos de referência da cidade "ampliada" até resultar, nos melhores exemplos, em um verdadeiro sistema urbano. Nesse processo, as numerosas construções residenciais – apesar de terem sido individuadas pelos tratadistas como "edifícios privados na cidade e na área rural" – tiveram pouca importância em relação ao conceito de tipologia ou então foram totalmente ignoradas[10].

No exame sobre a formação do conceito de tipologia arquitetônica, Aymonino constatou como o próprio conceito – na sua acepção moderna – tende a definir-se independente das relações com a morfologia urbana e, como resultado, as concretas tipologias arquitetônicas tenham adquirido um caráter de legitimização, aplicável em todos os casos de desenvolvimento das cidades em metrópoles, com base em uma economia do tipo capitalista. E como essa legitimização tenha, por sua vez, influenciado a morfologia urbana que, em muitos casos, de determinante tornou-se determinada por tipologias arquitetônicas, dela

9   Idem, p. 149.
10   *Il significato delle città.*

"independente"; assim (como consequência), a relação entre os dois termos foi substancialmente mudada. Gregotti ressalta a importância semântica do tipo

> não só do ponto de vista de seu uso, mas do significado que este assume como elemento de referência de vida associada, na qual se solidificam uma série de juízos de valor acerca da condição histórica, da relação com a tradição e da esperança nas coisas do futuro; às vezes também acerca da própria concepção cosmológica de um grupo humano e de um certo modelo de cultura[11].

Entretanto, para Argan, todo projeto arquitetônico tem um aspecto tipológico, seja no sentido de que o arquiteto busca conscientemente aproximar-se de um tipo ou afastar-se dele, seja no sentido de que toda obra arquitetônica visa, definitivamente, colocar-se como um tipo[12].

Na visão de Aymonino, a tipologia arquitetônica é determinada pelo planejamento urbano – relações entre quadras, percursos, eventuais elementos de referência (praças, rios, canais, etc.) – que, por sua vez, é fruto de uma somatória de tipos arquitetônicos similares ou iguais, resultantes de novas exigências comerciais ou residenciais, sem nenhuma referência na padronização das medidas ou complexidade funcional dos tipos arquitetônicos precedentes, sejam eles de origem histórica, fundiária ou arquitetônica. Desta maneira, a dimensão arquitetônica coincide com partes de cidades e uma parte não tem significado se vista isoladamente, mas o assume se está relacionada tanto dentro da quadra como em várias quadras que compõem a parte.

O momento da aceitação do tipo vai além da importância histórica, por outro lado, é um momento em que são propostos novos valores formais na medida em que o artista deve criar. Nos termos de Argan, fica claro que a posição do

11 *Território da Arquitetura*, p. 159.
12 *Projeto e Destino*.

artista em relação à história tem dois momentos: da aceitação da tipologia e da redefinição formal[13].

Com a transformação das condições históricas, sempre que a invariante tipológica supera uma certa distância da escolha fenomênica estabelece-se segundo Gregotti, uma diferença, uma tensão com a realidade que se resolve com a construção de um novo tipo a partir de um novo exame da realidade, da qual participa a esquematização tipológica em questão.

Argan reforça esta ideia ao lembrar que arquitetura industrial, respondendo a exigências totalmente novas, criou novos tipos que frequentemente tiveram grande importância para os desenvolvimentos posteriores das formas arquitetônicas. Gregotti afirma que

> nossos conceitos de função e fruição se vão diluindo numa continuidade de mutações de uso e significado e, por isso, a ideia de transformação e variação acaba coincidindo com a própria ideia de uso, e o sentido da arquitetura está vinculado cada vez mais intrinsecamente à capacidade de compreender e solidificar o significado da mutação.
>
> [...] esta capacidade não está simplesmente ligada à definição tipológica senão, mais genericamente, à forma do objeto arquitetônico: não se pode obtê-la apenas mecanicamente através de transformação física do continente ou de sua indiferença funcional, mas também através de um novo estudo de formas e das suas modificações que institui através das qualidades do significado (qualidade densa em estratos e capaz de pôr em movimento contínuas e diversas decodificações), uma dialética com a multiplicidade de usos e uma rede de situações possíveis[14].

Aymonino não tem dúvida sobre o mérito do movimento funcional ao estender o estudo da tipologia arquitetônica aos conjuntos residenciais, que até então – salvo poucas exceções – era prerrogativa da iniciativa privada e de seus

13 *História da Arte como História da Cidade.*
14 *Território da Arquitetura*, p. 184.

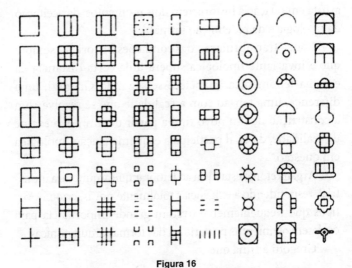

Figura 16
Divisões do quadrado, do paralelogramo
e suas combinações com o círculo.

instrumentos urbanísticos com operações de loteamentos, introdução de regulamentos e vínculos todos referidos a uma "quantidade urbana" genérica (planos de expansão ou desenvolvimento) sem nenhuma relação com uma definição arquitetônica dos edifícios ou a uma "qualidade urbana".

Portanto, na época contemporânea, com a perda do significado do termo "forma urbana", quando as mudanças não parecem acontecer como fenômenos comparáveis *tout court* com aqueles do passado, se formulam novas hipóteses de criar uma relação entre tipologia arquitetônica e morfologia urbana[15].

Finalizando, Rossi sustenta que tipo significa a própria ideia da arquitetura, ou tudo o que está mais próximo à sua essência. Ou seja, aquilo que apesar de qualquer mudança sempre se impôs "ao sentimento e à razão", tal como o princípio da arquitetura e da cidade.

---

15 C. Aymonino, op. cit.

O Valor de Historicidade da Cidade e seu Patrimônio Arquitetônico

Por um longo período, digamos por toda a época medieval, a cidade era totalmente separada do campo, muito compacta, defendida por espessos muros. Isto definia não somente o caráter da cidade, como suas relações com o território. O espaço da cidade, urbano e público, era delimitado, embora na praça medieval tudo acontecesse. No século XVI, no entanto, a cidade modificou-se e ampliou-se satisfazendo, em boa parte, uma espécie de anseio estético comum aos cidadãos. Imediatamente após o Renascimento iniciou-se uma história diferente, denominada por Leonardo Benevolo como "A conquista do Infinito", a partir da dimensão do infinito de Galileu Galilei e depois de Leibniz. A ideia do infinito, que muito fascina a cultura ocidental, é encontrada na cidade renascentista onde os espaços se diversificam, especializam-se – da rua à praça, ao teatro – e em cada um ocorrem diferentes ações, de maneira bem clara. O espaço da cidade contemporânea, ao contrário, não possui essa clareza; ele é constituído pelos fragmentos, resultantes dos espaços que sobram após as construções de edifícios.

Segundo Bernardo Secchi, a primeira série de reflexões que a cidade antiga suscita está relacionada com o conforto do espaço público:

> uma questão que está relacionada não somente com as formas, as dimensões e articulações desses espaços, mas também com as condições de microclima, construído a partir das dimensões dos espaços não construídos, da orientação dos edifícios, dos materiais utilizados para uns quanto para outros[16].

Em seguida, estritamente interligada à primeira, está a natureza do espaço aberto: ruas, praças, pátios e jardins, trechos rurais delimitados. Por fim, o espaço aberto que a

---

16   *A Cidade do Século Vinte*, p. 104-105.

Figura 17 Demarcação de diferentes tipos de cultivos.

Figura 18 Galeria Vittorio Emanuele, em Milão.

Figura 19 Rua de Milão.

cidade medieval estabelece com o edifício, através de dispositivos específicos, relações variadas e extremamente complexas que se revelam espaços desconexos, continuamente variáveis.

Gregotti também reforça esses conceitos quando observa que a cidade é dotada de particular capacidade de conservação da estratificação histórica dos signos, aos quais a comunidade atribui um valor particularmente elevado; a cidade, portanto, não pode ser considerada somente como um conjunto de edificações; ela reúne mais valores e significados do que o ambiente territorial.

Assim sendo, a questão, sobre a importância das preexistências históricas, enfrentada de forma muito sensível por Ernesto N. Rogers, parte da premissa de que

> a história nunca foi definida como sendo um sistema estático e foi sempre resolvida com uma sucessão de mutações que transformaram um presente em um outro. Portanto seria lógico concluir que, não só não se pode impedir que a sociedade contemporânea se expresse, mas é de basilar importância afirmar nossa presença temporal, com a nossa natural ocupação no espaço[17].

Ludovico Quaroni em *La città fisica* (A Cidade Física) tem um enfoque muito parecido. Para ele, na cidade se aproximam, misturam-se e se sobrepõem elementos naturais e humanos: o ar, a luz, o solo, a água, a vegetação e as construções feitas pelo homem. Quando em condições fortuitas de cultura e civilização, eles regularam o uso – para nossa felicidade, frequentemente, e de modos quase naturais – geram uma composição, no sentido arquitetônico da palavra, ou seja, um organismo perfeitamente completo e unitário. A unidade é característica indispensável e fundamental da composição, tanto para o edifício em si como para a cidade: para que um conjunto possa se chamar organismo, não se deve poder

---

17 *Esperienza dell'architettura*, p. 276.

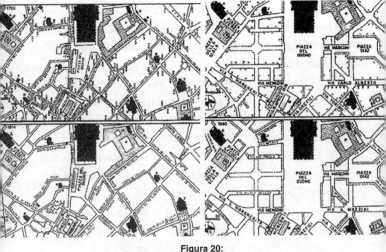

Figura 20:
Variações da estrutura urbana na Praça do Duomo
em Milão de 1730 a 1960.

tirar ou acrescentar nada sem alterar irremediavelmente o equilíbrio preexistente, sem comprometer a unidade. Isto não significa que a cidade deva ser considerada como algo estático, imutável no tempo e no espaço; como todos os organismos, a cidade também está sujeita a transformações, mas estas devem ser sempre reguladas pelas leis da composição.

Ernesto N. Rogers afirmava também que, ao favorecer o processo criativo de nossas obras e não condicionar negativamente o existente, elas podem potencializá-lo ao construir uma ponte entre o passado e o futuro: "o futuro depende em parte de nós, como nós dependemos em parte do passado: tradição é esse perpétuo fluir e ser moderno é participar conscientemente como elemento ativo desse processo"[18].

Nesta dialética entre obras do passado e do futuro, é importante deixar claro que, além da organização, deve

---

18 Idem, ibidem.

existir fundamento histórico no conjunto da cidade, isto é, tanto na cidade antiga como na moderna:

> Pôr em discussão sua historicidade global equivale a pôr em discussão o valor ou a legitimidade histórica da sociedade contemporânea, que talvez alguns queiram, mas que o historiador não pode aceitar[19].

A cidade histórica pode ser o motor de transformação para uma modernização qualitativa da cidade contemporânea, portanto:

> o historiador deve preocupar-se não com o congelamento ou a fixação da cidade antiga, da qual pode apenas prorrogar a existência, mas com um desenvolvimento coerente com a sua realidade histórica, de modo que, mesmo na diversidade das organizações e dos níveis, uma articulação funcional assegure o dinamismo de todo tecido urbano[20].

No início do século XX, o estudo da cidade começa a ter forte aproximação com temáticas sociológicas, relacionáveis tanto à ideologia marxista como à obra de Max Weber e de Lewis Mumford, iniciando a afirmação de uma metodologia interdisciplinar. Vale afirmar que o caráter orgânico do sistema urbano é dado pela história, mesmo quando a cidade é recente. Mas, ao considerar a concentração urbana, temos que refletir também sobre todas as conceituações realizadas no início do século XX, a partir da oposição cidade-campo elaborada por Marx e Engels; a cidade como fruto da divisão do trabalho (Smith), a cidade considerada lugar de uma extraordinária concentração de poder (Weber) e do luxo; a cidade como produto da revolução industrial (Landes).

Não há nada de novo nisso. Foram utilizadas aqui as contribuições mais diversas para proceder à formação de uma

---

19 G. Argan, *História da Arte como História da Cidade*, p. 79.
20 Idem, p. 81.

teoria de fatos urbanos que tenha correspondido à realidade. Em *Território da Arquitetura*, Gregotti evidencia como a dilatação do fenômeno urbano sobre territórios de inusitada dimensão, induz a criação de novas relações com os caracteres topográficos de cada parte do território que tenha um projeto urbano ou de arquitetura. Em *L'architettura della città* (A Arquitetura da Cidade), Aldo Rossi interpreta a história da cidade europeia como sendo uma contínua construção e redefinição dos caracteres tipológicos do espaço urbano. Venturi, em *Complexidade e Contradição na Arquitetura*, abre caminho para a aceitação de uma experiência urbana, em que, como nas cidades italianas do Antigo Regime, por ele estudadas profundamente, a adaptação e a estratificação prevalecem sobre a afirmação rígida de um princípio. Outros textos falam sobre a cidade e sobre sua história com pontos de vista diferentes daqueles do passado, entre os quais os de Giedion, Banham, Tafuri, Jane Jacobs, Koolhaas.

Em tempos remotos, mas não só neles, a sobrevivência dependia de uma boa relação com o lugar, tanto no sentido físico como psíquico. Portanto, as cidades devem ser consideradas lugares individuais e não espaços abstratos, onde as forças cegas da economia e da política podem se expandir livremente; respeitar o *genius loci* não significa recopiar os modelos antigos, mas colocar luz sobre a identidade do lugar e interpretá-la de maneira nova.

Para seguir o ponto de vista de Argan, e de outros já citados, sobre a importância da história para a cidade contemporânea, a única continuidade, a rigor, o único desenvolvimento histórico é dado pela transmissão de certos significados através de determinados signos arquitetônicos; mais exatamente, por diversos significados que, em épocas sucessivas, foram atribuídos a esses signos. Não importa se uma cidade tem uma história de décadas e outra de séculos; a história é um fato eminentemente urbano, a relação entre ela e a cidade é muito estreita.

Depois da Segunda Guerra Mundial, os lugares na Europa sofreram profundas mudanças. Nas cidades preexistentes, o tecido urbano ficou dilacerado, a continuidade dos muros que delimitavam as cidades foi interrompida, e a coerência dos espaços urbanos, deteriorada. Assim sendo, traçados viários, redes de infraestrutura, nós de comunicação, margens de rios e lagos e os grandes acessos perderam sua identidade, ou seja, a cidade deixa de ser uma totalidade configurável.

Mutações, transformações, e simples alterações têm, portanto, tempos diferentes; fenômenos particulares e acidentais, como as guerras ou as expropriações, podem alterar em pouco tempo situações urbanas que pareciam definitivas, ou ainda, estas mudanças se realizam em intervalos de tempo mais longos devido a mudanças sucessivas e transformações pontuais. Em todas essas modificações, atuam muitas forças relativas à cidade, que podem ser de natureza econômica, política, entre outras.

Em sua fase inicial, a grande indústria instalou-se nas grandes cidades ou em suas imediações, dando lugar a fluxos migratórios que multiplicaram em até dez vezes a população urbana e praticamente destruíram a coesão das comunidades urbanas tradicionais. Multiplicou-se, portanto, a quantidade e, paralelamente, degradou-se a qualidade urbana. A mobilidade oferecida pelo automóvel permitiu a muitas famílias adequar o próprio espaço de moradia à sua condição social, ou seja, residir em áreas distantes do centro da cidade ou em fragmentos de cidade dispersos pelo campo.

Por muito tempo, a melhoria das técnicas de transporte foi considerada como a maior responsável pela concentração urbana e industrial; foi responsável por distanciar as indústrias das fontes de matéria prima, e por favorecer sua proximidade com os mercados. O transporte foi também responsável por destruir a pequena indústria local, desenvolvida em muitas regiões na época pré-moderna e durante as primeiras fases da modernidade.

Ao redor dos centros históricos conservados apenas em parte, cresceram, sem outro princípio a não ser a máxima densidade de população, enormes periferias superpopulosas; e como a especulação tende à exploração total dos solos, não é raro as periferias estarem pouco dotadas de serviços, pesando, portanto, sobre as frágeis estruturas do centro.

Em uma escala mais ampla, o arquiteto deve recuperar conceitual e fisicamente aquele diálogo entre espaço e indivíduo que caracterizou a história desde a ágora grega ao fórum romano, às perspectivas espaciais das ruas renascentistas e às propostas visionárias de Charles Fourier ou Claude N. Ledoux durante o Iluminismo. Deve-se dar um significado mais amplo aos lugares funcionais, para que permitam, hoje, aos indivíduos uma aproximação física-perceptiva à nova intervenção. É importante que as intervenções tenham a capacidade de interligar, mas não mimetizar a própria arquitetura com o entorno, abandonando qualquer forma de se salientar ou, no máximo, considerando a edificação o fator caracterizante de um processo de reconhecimento do lugar e não relacionado com a capacidade do arquiteto.

Construir uma cidade não coincide só com o ato de construir um ou vários edifícios, nem da combinação entre a definição de objetos físicos, o cheio, e a composição por intervalos, o vazio. A cidade resulta das relações que cada elemento estabelece com os outros, mesmo e principalmente com os imateriais.

Nesse sentido, Argan afirma que

> a cidade é o produto de toda uma história que se cristaliza e se manifesta; o que interessa são suas mudanças no tempo e essas mudanças não obedecem a leis evolutivas, são o efeito de um antagonismo entre vontade inovadora e tendências conservadoras[21].

21 Idem, p. 244.

A Importância dos Traçados Históricos

Ao desenvolver a relação entre história e contemporaneidade, arquitetura e arte, o conceito de centro histórico pode ter uma utilidade pragmática, mas é um falso conceito. Na compreensão de Argan sobre a cidade, ela é *in totum* uma construção histórica onde a divisão da cidade em partes "históricas" e "não históricas" inexiste:

> As próprias deformações e malformações urbanas devidas à gestão capitalista são fatos, apesar de não gloriosos, da história de nossa época. Mas também está obviamente incluída na história de nossa época a tentativa de mudar a gestão da cidade e o sistema no qual se enquadra[22].

A partir do IV congresso do CIAM (Congresso Internacional de Arquitetura Moderna), em 1933, e as consequentes resoluções fixadas na Carta de Atenas, dedicadas à cidade funcional, a atenção sobre a concepção do espaço na modernidade destacava a necessidade de separar as funções e dissociar, por exemplo, o tráfego de pedestres daquele destinado à circulação de automóveis. Tem-se aí a concepção da cidade como organismo dinâmico e sua consequente estruturação de modo flexível.

Ao se referir ao Patrimônio Histórico (item n. 65), a Carta de Atenas apontava como necessidade primária inventariar os monumentos históricos dos vários países e estender o conceito de respeito, manutenção e salvaguarda da fisionomia da cidade, especialmente em torno dos monumentos propriamente ditos, assim como assegurar a preservação de certas perspectivas.

Por outro lado, a Carta de Atenas, que por vinte anos definiu amplamente o objeto da prática arquitetônica moderna, foi e continua sendo um dos manifestos mais

---

22 Idem, p. 260.

contestados e míticos do movimento moderno. Mesmo Bernard Huet, no texto que escreve em 1984 sobre a Carta de Atenas, observa que:

> enquanto a cidade histórica é totalmente percorrida por uma rede de hierarquias simbólicas, nas quais o contexto e elementos emergentes, habitação e monumentos, confrontam-se, contrapõem-se ou se associam para produzir significados e diferenças, o modelo proposto pela Carta, ao suprimir esta dialética da habitação, torna-se *monumento*. Não um instrumento de monumentalidade, destinado a exaltar determinados valores coletivos, mas um monumento em si, tipo Unidade de Habitação de Marselha[23].

Observa-se, então, que as primeiras manifestações arquitetônicas do movimento moderno se limitavam a isolar os fenômenos e mirar uma objetividade de expressão que representasse cada produto artístico por si próprio, nos limites autônomos de sua existência individual. Até Frank Lloyd Wright e Le Corbusier, apesar de sensibilizados pelas sugestões do "ambiente natural" (o primeiro tentando confundir-se nele, segundo o gosto romântico; o outro, opondo--se numa concepção clássica), não tiveram por muito tempo nem ocasião, nem desejo e, portanto, nem consciência de possíveis relações com um "ambiente cultural". Os próprios desenhos urbanísticos, mesmo estendendo a espacialidade das áreas de influência, resultaram em visões autóctones de respeito à realidade histórica precedente, indiferentes e até mesmo adversas a ela.

Ser moderno significa simplesmente sentir a história contemporânea enquanto continuidade, cuja própria colaboração aumenta e enriquece as atuais possíveis combinações formais de relações universais. Em 1945, Ernesto N. Rogers dizia que erguer um edifício em um ambiente já caracterizado por obras de outros artistas impõe a obrigação

---

23 La città come spazio abitabile, *Lotus International*, n. 41.

de respeitar essas presenças, levando a própria energia como um novo alimento para a perpetuação do preexistente.

Uma nova edificação só pode se realizar com um ato criativo, mas este não pode ser insensato. É preciso lembrar que os primeiros mestres do movimento moderno se consideravam precursores, mas sabemos agora que existiam outras vanguardas. Se vamos construir em uma paisagem natural, devemos interpretar o seu caráter e seguir exigências práticas; em uma paisagem urbana manteremos o mesmo princípio, mas nosso ato intuitivo não poderá ser completo sem uma interpretação pessoal dos dados objetivos. Recopiar formas tradicionais será obviamente impossível, mas somente o desenho de uma arquitetura que resultasse apenas satisfatório ao nosso gosto e às condições da técnica contemporânea, não poderia ser suficiente se o caráter e as necessidades práticas não fossem interpretadas[24].

De acordo com todas essas definições, alguns dos temas aqui discutidos, principalmente aqueles relativos à história, ao centro histórico, à função e à permanência, devem ser considerados bastante significativos. Embora esses temas mereçam um desenvolvimento particular, pretende-se aqui apenas delinear o esquema da história na arquitetura da cidade, abordando algumas implicações nas relações entre os indivíduos.

É provável que o valor da história como memória coletiva, entendida, portanto, como relação da coletividade com o lugar e a ideia desse lugar, nos ajude a assimilar o significado da estrutura urbana, da arquitetura da cidade que é a forma de sua individualidade.

Por pouco importante que tenha sido o pós-modernismo, algumas ideias desenvolvidas tanto por seus seguidores como por seus críticos, deixaram indiretamente

24 E. N. Rogers, op. cit.

marcas significativas na continuidade do pensamento urbano e arquitetônico contemporâneo.

David Harvey cita Krier como sendo um dos pós-modernistas europeus que busca, entre outras direções cultivadas pelos pós-modernistas:

> a restauração e a recriação ativas dos valores urbanos "clássicos" tradicionais. O que significa a restauração de um tecido urbano mais antigo e a sua reabilitação para novos usos e a criação de novos espaços que exprimam as visões tradicionais com todo o avanço que as tecnologias e materiais modernos permitam[25].

É importante não confundir esta postura nostálgica de citações históricas, pós-modernista, com a postura historicista que reivindica um papel crítico e interpretativo da história. Os pós-modernistas apenas acenam para a legitimidade histórica por meio de uma extensa e muitas vezes eclética citação de estilos passados. O pós-modernista, de acordo com a definição de Harvey, cultiva o conceito de tecido urbano como algo necessariamente fragmentado, um "palimpsesto" de formas passadas, superpostas, e uma "colagem" de usos correntes, muitos dos quais podem ser efêmeros.

Os modernistas entendem o espaço como algo a ser moldado para propósitos sociais, sempre subserviente a um projeto social. Já os pós-modernistas, além de atender a "impulsos nostálgicos", mantêm concepções radicalmente diferentes sobre o espaço, consideram-no independente e autônomo, para ser moldado segundo objetivos e princípios estéticos sem necessariamente nenhuma relação com algum objetivo social abrangente, salvo talvez, a atemporalidade e a beleza "desinteressada" como fins em si mesmas.

Ao contrário da cidade antiga e mesmo da moderna, a cidade contemporânea está sujeita a mudanças múltiplas, rápidas e mesmo transitórias, portanto, não permite propor

25 *Condição Pós-Moderna*, p. 70.

modelos cuja referência seja estável, a não ser como fragmentos de cidade e fragmentos de um projeto arquitetônico. A cidade contemporânea, devido e exatamente por sua natureza mutável, é sujeita a modificações constantes, seja na composição da estrutura do sistema viário, seja no tipo de uso de suas edificações: ruas que viram corredores de tráfego intenso, estações ferroviárias que viram museus ou salas de concertos, cinemas que viram *shopping centers*.

Mesmo hoje, ao projetar a cidade contemporânea, não se pode deixar de introduzir múltiplas funções, pensando da mesma maneira os elementos tipicamente urbanos e arquitetônicos, a tal ponto que, mesmo as infraestruturas podem ser imaginadas como espaços "habitáveis" e não monofuncionais (grandes e complexas avenidas, viadutos, pontes). A residência permanece sempre o elemento capaz de exprimir e resumir, também do ponto de vista simbólico, os caracteres fundamentais da cultura de um povo.

Aldo Rossi afirma que se uma parte da cidade constituir uma outra cidade em seu interior, isto não significaria contestar um outro aspecto da teoria funcionalista. Na Alemanha, onde é aplicado pela primeira vez o zoneamento, ele apareceu como forma de tentar solucionar graves conflitos que se manifestaram nas cidades industriais. Em contraposição, Secchi, ao falar da cidade contemporânea, aponta a dissolução e reinterpretação de alguns conceitos. Ou seja, dissolve-se a ideia de função na diversidade de atividades e sujeitos que caracterizam a cidade contemporânea; no multiplicar de situações diversas, dissolvem-se os conceitos de zoneamento e hierarquia, de densidade e proximidade, modificam-se as relações de vizinhança.

A praça, a rua, os lugares tradicionais da sociabilidade e de relações de vizinhança foram substituídos por outros ainda em progressiva definição funcional e formal. A fábrica ou o escritório onde os trabalhadores passam a maior parte da jornada ou então o *shopping center* se tornam a solução de integração social ou de lazer da cidade contemporânea.

A rua tornou-se um espaço da sociedade contemporânea que concentra edifícios ao invés de se configurar como espaço de convivência coletiva quotidiana, apesar de todos os edifícios, contemporâneos e/ou vernaculares, terem uma fachada pública com uma função positiva ou negativa sobre o espaço público, capaz de enriquecê-lo ou empobrecê-lo.

Secchi observa que

> na cidade moderna, os principais equipamentos urbanos, cada vez mais, tornaram-se lugares especializados e exclusivos. [...] Os equipamentos coletivos tornaram-se, assim, ilhas separadas, assim, do contexto urbano. Em muitos casos, mesmo nos grandes polos de atração de públicos específicos, não são mais lugares centrais. [...].
>
> [...] os lugares de sua própria sociabilidade. O que ainda hoje chamamos, graças à inércia da linguagem, equipamento coletivo, antes era verdadeiramente espaço do público. Um espaço que se prolongava para o exterior do edifício, no átrio, na praça e no bairro[26].

Na Carta para a Reconstrução da Cidade Europeia, elaborada em 1985, Léon Krier afirma que uma cidade se articula em espaços públicos e privados, monumentos e construções urbanas, arquitetura e edificações "exatamente nesta ordem". No entanto, somente uma grande complexidade funcional pode levar a uma articulação dos espaços, dos bairros urbanos e da cidade como sendo um conjunto legível, claro, satisfatório no tempo e bonito.

26 *Primeira Lição de Urbanismo*, p. 99-100.

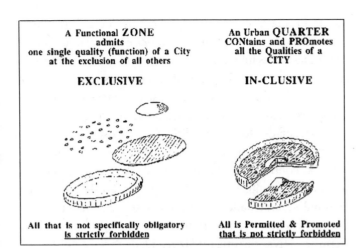

Figura 21
Léon Krier, Carta para Reconstrução da Cidade Europeia.

As Relações Existentes entre o Edifício Construído e a Cidade

Assim, ao estudar uma determinada realidade em um contexto específico, um edifício, um espaço vazio, uma área verde, tentou-se analisar aqui não somente suas componentes presentes e visíveis, mas procurou-se também individuar os vestígios, os sinais, as regras, as estratificações, as sequências, as ações e retroações que são sobrepostas e entrecruzadas no espaço e no tempo. Ao interpretar e selecionar os diversos momentos, descobrem-se articulações ocultas. Interrupções ou potenciais solicitados, que utilizamos como instrumentos e ocasiões para revelar a trama complexa dos signos e das relações entre as condições atuais e as suas origens mais distantes.

Ao operar nas periferias, dever-se-ia agir do mesmo modo, pesquisando a integridade dos fragmentos do território não ocupado, os vazios, as margens e os resíduos; interpretá-los como última fase de um longo processo de sedimentação e como sinal de uma estrutura histórica e natural muito variada, muitas vezes interligada à cidade, cuja fundação e construção é o materializar de um modelo teórico espacial e social, e também, em muitos casos, a extensão das características morfológicas e naturais de um lugar, *a priori*, selecionado.

Na cidade, todos os edifícios, sem exclusão, são representativos e, com frequência, identificam as malformações, as contradições da comunidade. É o caso da péssima qualidade arquitetônica que a especulação descontrolada acumulou nas cidades e sobre a qual se diz com demasiada frequência que não são arquitetura – mas sim, arquiteturas representativas de uma infeliz realidade social e política.

As condições físicas de um ambiente, praças, pátios, ruas, áreas verdes, favorecem ou inibem o desenvolvimento de relações humanas. Ficou demonstrado que, quando o espaço resulta de baixa qualidade, ele acaba por receber somente atividades necessárias, indispensáveis ou obrigatórias, como caminhos, escola, trabalho, supermercados; pequenas atividades que preveem percursos realizados a pé, desenvolvidas durante o ano inteiro e em qualquer condição física ou climática. Segundo Argan, tudo o que não funciona na cidade, reflete, em última análise, os defeitos da cultura arquitetônica ou revela sua incapacidade de preencher suas funções institucionais. A especulação urbana, portanto, tem um aspecto relevante: impedir, entre outras coisas, o desenvolvimento de um senso cívico. Quando, ao contrário, o ambiente se revela de alta qualidade, fornecendo uma ampla gama de oportunidades e estímulos, as atividades necessárias se desenvolvem com a mesma frequência, mas logo surgem outras espontaneamente, se o lugar favorece, tais como: passear, praticar esportes, comprar, sentar, falar, conversar, brincar, observar.

O desenvolvimento da identidade individual e social é um processo lento que não se pode verificar em um ambiente em contínua mudança.

A alienação hodierna é devida, em grande parte, às escassas possibilidades de orientação e de identificação oferecidas pelo ambiente contemporâneo. As pesquisas de Piaget de fato demonstram que o mundo em movimento manteria o homem em um estágio egocêntrico de desenvolvimento, enquanto um mundo estável e estruturado liberaria suas faculdades mentais.

Normalmente, é na cidade que a vontade inovadora e as tendências conservadoras se enfrentam. Quem defende história e tradição urbana e trata a cidade como um deserto para se colocar objetos de *design*, adentra um debate que não ocorre só na Itália ou na Europa onde o percurso da história é longo. É um debate de arquitetura. Mesmo com menor força, ele ocorre em todas as cidades contemporâneas. Como dizia Rossi, a ligação entre o passado e o futuro está para a cidade assim como a memória está para a vida de uma pessoa. Esta realidade permanece nos seus fatos históricos pontuais, em seus monumentos, na ideia que temos deles; isto explica também por que a Antiguidade tinha o mito como fundamento da cidade.

Assim, o objeto arquitetônico assumiu uma autonomia técnica e formal que antes era desconhecida; uma liberdade que destruiu gramáticas e sintaxes, hierarquias e ordens precedentes. O conflito entre quem invoca o respeito do *genius loci*, da cidade como tecido a ser respeitado, e a arquitetura, como imagem indiferente aos lugares, ou seja a dos não lugares.

Ao definir o conceito de não lugar, Marc Augè sustenta que o não lugar pode gerar temores e insegurança emocional, pois não existe possibilidade de identificação e a carência de estímulos induz a uma certa passividade, reduzindo a capacidade intelectual. Mas sem chegar a tanto, a verdadeira crise da cidade manifesta-se não apenas em uma diminuição do seu nível cultural, mas também na perda do seu caráter arquetípico de organismo cultural.

Segundo Secchi, a cidade contemporânea é o lugar de destruição de consolidados sistemas de valores simbólicos e monetários, de novos lugares de comércio, de lazer, da comunicação e interação social, de uma nova geografia de centralidades. Isso e outros valores, com a progressiva uniformização e democratização do espaço urbano, determinam uma instabilidade na cidade contemporânea, pois dão origem a um contínuo deslocamento e reorganização das diversas atividades. A obsolescência, os fenômenos de degradação e *filtering-down*[27] cujas consequentes ações de reutilização, recuperação e *upgrading* de partes limitadas e circunscritas da cidade se apresentam ao indivíduo como um sistema caótico[28].

Não se pode esquecer que as cidades são "bens culturais" em seu conjunto e que, portanto, é inútil sanear bairros antigos se não se procurar, ao mesmo tempo, lhes restituir uma função que não seja artificial.

A universalização da cultura, o difundir dos símbolos comuns, o progresso tecnológico e o acesso cada vez maior dos meios de transporte para grandes distâncias, torna hoje, no nosso modelo de cultura, os homens bem mais indiferentes ao ambiente urbano e territorial de origem, ou atenua a relação entre ambiente físico e a cultura dos grupos sociais.

No reconhecimento, que se deve a Venturi, de a arquitetura ser o muro que divide o interior do exterior, pode-se afirmar que na cidade contemporânea, com o desaparecimento da estrutura urbana tradicional, os percursos e as praças urbanas são definidos por edifícios que incorporam os significados reunidos pela cidade

---

27 Processo em que, ao longo do tempo, uma unidade de alojamento ou bairro é progressivamente ocupado por moradores de baixa renda.

28 *Primeira Lição de Urbanismo*, p. 93.

O espaço urbano é um vazio estruturado e estruturador. Ele tem uma hierarquia, dimensões e caráter, não pode ser simplesmente uma consequência casual do construir. Muitas vezes é um espaço desperdiçado, um falso luxo e, em pequenas quantidades, uma falsa economia. Naturalmente, estamos conscientes de que

> a realidade territorial é formada por uma série de estratos bastante complexos e interagentes que se constituem em modelos espaciais diferenciados (geográficos, administrativos, demográficos, econômicos etc.), como realidades físicas que devem ser organizadas entre si com um objetivo comum que se concretizará numa nova "forma do território"[29].

---

29 V. Gregotti, op. cit., p. 87.

3.
Arquitetura Vernacular
e Espaço Metavernacular

A cidade, como objeto humano por excelência, é constituída por sua arquitetura e por todas aquelas obras que constituem o real modo de transformação da natureza.

A. ROSSI[1]

A cidade contemporânea, e não só a europeia, é composta de vários extratos, um palimpsesto, uma paisagem formada por edificações construídas em fases e tempos diferentes do crescimento urbano. Em cada época, cada sociedade se diversifica da que a precedeu, por meio de sua própria representação nos monumentos arquitetônicos, tentando o impossível, marcar aquele momento determinado para além das necessidades e dos motivos contingentes pelos quais os edifícios foram construídos. Além disso, cada indivíduo no decorrer do quotidiano deixa um sinal no próprio ambiente urbano e, dessa maneira, contribui na definição das características daquele espaço.

Nas relações entre as várias partes e a sua forma geral, a cidade é totalmente percorrida por uma rede de hierarquias simbólicas nas quais o contexto e os elementos emergentes, como habitações e monumentos, se confrontam, se

L'architettura della città, p. 30.

contrapõem ou se associam para produzir significados e diferenças.

Carlo Aymonino observa que o patrimônio edificado apresenta massa construída, configuração espacial, relação entre volume edificado e vazio, ritmo, cores e inserção na paisagem urbana ou natural[2]. A individualidade e, portanto, o reconhecimento de cada elemento, se faz para criar um conjunto cujos fundamentos estão exatamente na coerência das partes em relação ao todo. Dessa maneira, a história urbana se delineia imediatamente como história das construções, do espaço físico, e aborda como as formas e os modos de vida se adaptaram, pois o espaço possui uma memória infinitesimal em que nada escapa.

Independentemente do motivo por que certos edifícios ou monumentos arquitetônicos foram construídos, a cidade quer fixar, marcar aquele tempo determinado, que é sempre diferente do seu sucessor, tornando-se uma herança que testemunha aspirações pessoais ou coletivas:

> A beleza de uma cidade, seu poder de ser "arte", é um dado próprio por meio da contradição existente entre o tema inicial (o motivo pelo qual surgiu o monumento) e a realidade continuamente mutável pelo uso que se faz de tal herança[3].

Recuperar a dialética entre a unidade e o fragmento, o contínuo e o descontínuo, o idêntico e o diverso, significa aceitar um espaço urbano carregado de valores simbólicos hierarquizados, que dão um significado diferencial à arquitetura. Hoje, é necessário se adaptar a cada situação e reinventar soluções.

Aymonino ressalta não haver dúvidas de que a relação de diferenciação das várias componentes de uma cidade – em relação a uma definição arquitetônica – tenha constituído

2   *Il Significato delle città*, p. 17.
3   Idem, ibidem

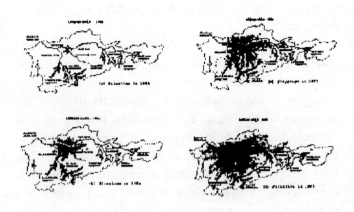

Figura 22
Expansão urbana de São Paulo desde 1905.

ou constitua ainda o elemento dialético fundamental do desenvolvimento de uma cidade sob o aspecto da arquitetura. E que é exatamente a mudança das relações, seja como substituição ou sobreposição de várias épocas, que determina a individualização de uma cidade em relação à outra e sua possível aceitação como "obra de arte".

Porém, como observou Aldo Rossi, é costume transformar monumentos, edifícios e espaços particulares, tornando-os lugares da memória coletiva, símbolos imutáveis em um mundo mutável.

Mas não é suficiente. Os urbanistas tentam dar forma, estrutura e coesão aos elementos urbanos; os arquitetos, por meio de obras de edificação, ultrapassam a marcação do tempo, enquanto a arquitetura vernacular, mais espontânea, revela e interliga sua historicidade à tradição, dando caráter ou *genius loci* à cidade. A arquitetura não se constrói só com purezas, mas também com contaminações, admite o arquiteto milanês Daniele Vitale, explicando o patrimônio verna-

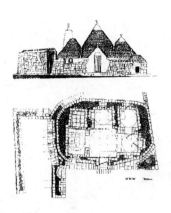

Figura 23
Trulli: Casas Tradicionais de Alberobello,
Bari, Itália.

cular e sua continuidade, tanto em relação aos significados que os traçados do passado assumem como em relação às novas exigências, às novas formas da vida urbana.

A arquitetura vernacular – entendida como arquitetura comum, anônima, construída sem interferência de arquitetos ou engenheiros – constitui a fisionomia da cidade, ou seja, exprime com linguagens e expressões que refletem o lugar e o ambiente onde foi formada. Uma cidade nunca é igual à outra; as cidades resultam de uma infinidade de diferenças geográficas ou da tradição. A arquitetura vernacular é uma das chaves para se poder entender o *genius loci* de uma cidade. Talvez por essa arquitetura geralmente se mostrar modesta, muitas vezes uma simples cabana, não consegue obter o valor necessário; todavia, apenas a sua grande diversidade poderia ser argumento interessante a ser aprofundado.

Isto reforça a percepção de que a arquitetura vernacular somente deve ser considerada em seu contexto como uma ponte de ligação entre a história e a arquitetura, como um

Figura 24
Sobrados no bairro de Perdizes, São Paulo.

sistema contínuo de referências para a transformação e tutela dos valores históricos e culturais, e para a formação de uma consciência popular.

Visto que muitos edifícios sobrevivem à sua função, transformá-los é e permanecerá uma ação imprescindível. O monumento, testemunho sociocultural de um determinado período histórico, explica a sua função de memória e ensinamento histórico somente se pertence à comunidade. Qualquer obra de arte não accessível a todos perde seu valor histórico. Do mesmo modo como é importante transformá-los fisicamente, é necessário analisar o conceito e aprofundar seu fundamento lógico. Deve-se sua longevidade a uma constante redistribuição de conhecimento duramente conquistado. Diferente das artes e da arquitetura dos monumentos, a arquitetura vernacular nunca seguiu caprichos e modismos; evoluiu no tempo de maneira quase imperceptível, adaptando-se às dimensões e necessidades humanas sem grandes apetrechos ou elementos supérfluos.

Mas, a partir do momento que um "estilo" foi fixado, criando assim tradições na arte de construir habitações, mudar pelo simples fato de mudar é totalmente impensável e, em alguns lugares, a utilização exclusiva de materiais de construção locais garante o perdurar de métodos construtivos já experimentados ao longo do tempo. Quando são introduzidos materiais e métodos novos, as tradições locais se dissolvem, as novas tendências aparecem e o vernáculo se perde.

Na arquitetura vernacular, a inovação não é considerada uma virtude. Nela, não são reconhecidos estilos, mas somente um único estilo que é fixo e imutável na sua essencialidade tipológica e morfológica, da mesma maneira como o são os objetos na natureza e, como na natureza, as realizações deste estilo são infinitamente variadas. Observa Aymonino, que em todos os países a arte de fabricar regularmente nasceu de um *germe preexistente*. Reafirma que sempre é necessário um antecedente; em nenhum modelo, nunca nada vem do nada; isto se aplica a todas as invenções dos homens.

Tanto a cultura vernacular como a clássica baseiam-se na repetição de alguns tipos construtivos e espaciais fundamentais, que são a expressão universal das atividades humanas, do trabalho e do prazer, coletivos e individuais. Porém, sob o ponto de vista filosófico, clássico e vernacular não estão fundamentados em uma distinção de classes, mas na distinção entre coletivo e individual, entre monumentos e edificações urbanas, entre edifícios públicos e habitações privadas.

"Não nos interessam os monumentos" afirmavam os arquitetos modernos, interpretando Frank Lloyd Wright, e tinham razão. De fato, a palavra monumento (do latim *monere*, ou seja "fazer lembrar", "avisar", "iluminar", "instruir") entre as duas Guerras, era usada para exprimir o poder do Estado, frequentemente uma ditadura que pretendia exaltar a autoridade, o poder e a hierarquia.

Os arquitetos modernos, aqueles do CIAM, tinham problemas bem mais prementes a resolver: a casa para todos, a utilização de novos materiais e novas tecnologias construtivas, o urbanismo e os assentamentos.

Mas é na habitação que se realiza o estudo de caracteres específicos, tipologias e suas modalidades de agregação na cidade. O próprio Secchi afirma que: "Em continuidade com o reformismo oitocentista, a moradia e a política da habitação tornam-se, por longo período, o centro de reflexão de uma multiplicidade de estudiosos e de atores institucionais"[4].

Ruas, Praças, Traçados

A necessidade de infraestrutura varia no tempo e de acordo com as classes sociais, muitas vezes refere-se a valores, em parte necessários e em parte distorcidos (os tais consumos induzidos). Isto produziu na história recente e, provavelmente, produzirá no futuro uma oscilação entre necessidades individuais e coletivas, nem sempre com a intenção de "promover" as individuais em benefício coletivo. Quando essas necessidades alcançam um estágio de organização mais complexo e articulado, tendem, consequentemente, a se tornar definitivas, isto é, estáveis em relação a um determinado período de tempo, e disso nasce a ulterior necessidade (e, portanto, diversa daquela inicial) de realizar uma estrutura apropriada, capaz de confirmar, desenvolver e resolver aquelas necessidades por meio da própria "presença" arquitetônica. Só então poderemos falar de equipamentos urbanos como núcleo originário da moderna tipologia arquitetônica não residencial. Este tipo de arquitetura foi definido durante o século XVIII como arquitetura civil e é com esse conceito que Aymonino observa as mudanças

4 *A Cidade do Século Vinte*, p. 181.

que ocorreram e os novos papéis que se entende atribuir à arquitetura.

Em *O Significado das Cidades*, o arquiteto e historiógrafo italiano afirma que a arquitetura civil contemporânea não é somente a "não religiosa" ou a "não militar"; as novas arquiteturas tendem a identificar-se com a cidade nova, constituída não somente por edifícios, mas por ruas, esgotos, tubulações hidráulicas e iluminação. Não só o centro histórico de uma cidade ou construções de caráter artístico, histórico ou cultural são fundamentais na memória pública; os elementos que compõem a cidade contemporânea tendem a construir e formar identidades difíceis ou precárias, que se contrapõem com o ambiente urbano formado por elementos absolutamente concretos. Cada espaço da cidade faz parte de diferentes narrativas históricas.

A infraestrutura organiza principalmente o tempo quotidiano do habitar, como também o tempo dos ciclos produtivos. O conflito social, gerado frequentemente pelos projetos infraestruturais, revela uma distância entre os modos – por meio dos quais cada pessoa usa e habita a cidade – e o desejo coletivo por uma cidade "melhor", com mais qualidade no ambiente urbano.

Infraestruturas são aqueles elementos necessários para satisfazer as necessidades humanas em uma determinada sociedade. De acordo com Aymonino, são necessários dois adjetivos para definir o caráter de uma infraestrutura: *público* e *privado*, indicadores de uma referência jurídica em relação à propriedade e à gestão. Por semelhança, ele relaciona o primeiro com a ideia de coletivo; o segundo, com o individual; analogia vaga porque existe uma série de infraestruturas privadas com caráter coletivo.

A relação entre infraestrutura e cidade tem várias nuances, pois pode ser pouco ou muito significativa, e acontecer de maneiras diferentes ao longo do tempo. O lugar onde está, o papel que desempenha e as influências que uma exerce sobre a outra mudaram significativamente, seja no tempo, seja devido à expansão urbana.

Porém, nas relações entre infraestrutura e construção do espaço quotidiano, como já foi visto no capítulo anterior, o conceito de intervalo sempre foi e permanece a chave para eliminar a divisão rígida entre áreas com diferentes demarcações territoriais.

Além disso, para seguir Jane Jacobs, em *Vida e Morte de Grandes Cidades*, ruas e calçadas constituem os mais importantes lugares públicos de uma cidade e seus órgãos mais vitais. Porém, isoladas, as calçadas da cidade não significam coisa alguma, são uma abstração; têm significado somente em relação aos edifícios quando se situam ao longo deles, ou de outras calçadas imediatamente próximas, e a outras construções existentes.

Ao analisar as relações entre os serviços urbanos e seus equipamentos, Aymonino também constata que, dentro de uma nova estrutura urbana parcial, mas resolvida, existem mutações interessantes; os percursos, organizando-se em ruas, tornam-se serviços públicos coletivos com mais funções presentes: para pedestres (calçadas); para automóveis (faixas); para infraestrutura (esgotos e tubulações em geral) etc.

Porém, o aumento do tráfego motorizado, sua priorização e organização, sem critérios nas áreas de acesso às moradias, desvalorizam a rua como espaço comunitário; à medida que aumenta a prosperidade, desaparecem as afinidades entre os moradores.

A natureza do espaço aberto está extremamente ligada à semântica do espaço metavernacular: as ruas, as calçadas, as praças, os jardins, os pátios, as galerias, os pilotis, ou seja, os espaços de interconexão estabelecem com o edifício relações variáveis e complexas. Isto depende de como os edifícios se apoiam, elevam-se e se abrem no solo; é a soleira que separa e une os espaços interno e externo, e relaciona a estrutura urbana à arquitetura.

Figura 25
Grades em um edifício da rua Maranhão,
bairro de Higienópolis, São Paulo.

Na reflexão sobre os elementos que compõem o espaço urbano, nas relações entre edifício e rua, espaço público e lote privado, espaço dos automóveis e de pedestres, entre os próprios espaços construídos – abertos e fechados, cheios e vazios – entre a rua e espaços abertos, hoje se perderam muitos dos aspectos que caracterizavam a cidade, seja por motivos de segurança, seja por individualismo exacerbado. A tênue ligação desaparece deixando em seu lugar grades e muros psicologicamente intransponíveis. Interesses econômicos ou mesmo políticos impediram de se contrapor possíveis alternativas a este modelo de infraestrutura.

Mesmo um pequeno edifício demarca o espaço público e se relaciona com ele. Ao se relacionar com uma rua, avenida, alameda, galeria, praça ou largo, cada um desses artefatos urbanos pode sugerir articulações diferentes na forma, dimensão, função, densidade urbana, relações espaciais e modos de habitar.

Figura 26:
Parque da Luz, São Paulo.

A ausência de espaço público na cidade contemporânea é interligável à redução, na cultura técnica dos urbanistas, das convenções que se exprimem em determinadas formas e por uma linguagem específica socialmente aceita; os termos "rua", "avenida", etc. têm conotações formais e espaciais bem precisas que compreendem milhares de ruas, avenidas e praças diferentes no tempo e no espaço. Na ausência dessas condições, tudo se confunde, o espaço da cidade se desagrega e a arquitetura, perdendo qualquer referência, cai na insignificância ou é conduzida a uma pura e simples redução do seu significado: o edifício torna-se um sinal, uma imagem.

Jane Jacobs interroga, em diferentes momentos de seu *Vida e Morte das Grandes Cidades*, as funções das calçadas e lugares públicos, e o motivo pelo qual os lugares de reunião organizada não conseguem se desenvolver. Para ela, a grande questão é de que maneira a vida coletiva de tipo informal, que se desenrola nas ruas, pode ser apoio a uma vida pública mais formal e organizada.

O espaço público urbano significa um lugar privilegiado do exercício da cidadania e da expressão dos direitos civis; uma cidade que depende exclusivamente do automóvel e vive de edificações especializadas e fechadas não facilita o exercício da cidadania; uma cidade, onde automóveis e telecomunicações substituíram o contato humano, tende à segmentação, ao individualismo e à exclusão.

Diz Koolhaas em *s,m,l,xl* que o espaço aberto da cidade não é mais um teatro coletivo onde algo acontece: não resta mais nenhum algo coletivo. A rua tornou-se um resíduo, engrenagem organizativa e mero segmento do plano metropolitano contínuo, no qual os vestígios do passado enfrentam as infraestruturas do novo em uma inquieta situação de impasse. Mas a cidade não é feita só de *grandes dimensões*, observa ele, e não se pode fazer tábula rasa de uma cidade inteira, recomeçar das grandes dimensões e reinventar o coletivo. Ela coexiste com a cidade clássica mesmo sem estabelecer, conforme ressalta Koolhaas, relações diretas com ela.

Se a praça é lugar de encontro, descanso e ponto de observação, a rua convida ao movimento, estimula sensações mais ricas e desenvolve oportunidades de conhecimento de outras pessoas. É necessário apontar que as festas e a vida social nas ruas têm um caráter público e servem para reunir pessoas entre as quais não existem conhecimentos íntimos ou particulares. Isto é, a dinâmica de interação entre as pessoas e os lugares públicos resulta em ações que determinam a identidade de um espaço, ou seja, voltamos ao conceito de Edward Twitchell Hall sobre a proxêmica. O projeto de um espaço público pode propor visões que, mediante a reorganização das potencialidades e das energias, criam condições para estimular encontros e trocas.

Para Hertzberger, em *Lições de Arquitetura*, o segredo é dar aos espaços públicos uma forma tal que a comunidade se sinta pessoalmente responsável por eles, fazendo com que cada um de seus membros contribua à sua maneira para um ambiente com o qual possa se relacionar e se identificar. Em outras palavras, as partes de cidade, rica de episódios, de funções, de momentos de atração, aumentam a sensação de "pertencer" dos cidadãos, que não terão mais necessidade de procurar novos modelos de espaço urbano.

Porém, ruas, praças e suas variantes são formas otimizadas para espaços coletivos. De fato, nenhuma empresa, pública ou privada, realiza espaços públicos espontaneamente, como livre expressão de suas atividades. O espaço público e seu domínio, sua qualidade estética e o seu poder de socialização nunca foram o resultado de um acontecimento casual, mas de uma percepção e de uma vontade civil.

O espaço privado se faz cada vez mais privado. Por outro lado, segundo Pierluigi Nicolin, a privatização da cidade tem duas consequências contraditórias: por um lado, obriga o poder público a estender cada vez mais seu controle; por outro, impede a articulação do espaço com a criação de uma verdadeira arquitetura urbana. Porque a cidade, os lugares construídos, os espaços urbanos determinados por ruas e praças formam o grande e complexo universo de relações, que permite a coexistência da "grande cidade pública" com as inúmeras "cidades privadas", inúmeras situações de edificações produtivas, residenciais, serviços urbanos e comércio com as quais todo cidadão se relaciona a cada dia. A urbanização de um lugar se torna, hoje mais do que nunca, uma imagem relevante de modernidade e desenvolvimento.

A passagem da cidade moderna, que possuía lugares considerados referências centrais (equipamentos públicos como possíveis monumentos), ao sistema de percurso como modo de representação total das instalações urbanas, para seguir Aymonino, anula qualquer significado de homogeneização e globalização da cidade e de si própria, com as relativas percepções e imagens, dando às infraestruturas o papel de elementos basilares da própria instalação.

O Genius Loci e o Não Lugar

É preciso entender as relações entre arquitetura e o *genius loci* de uma cidade, como também o valor do monumento na cidade e suas relações com o ambiente, que se contrapõem à ideia de monumento. O monumento, além de sua existência ser historicamente determinada, possui uma realidade analisável. Construir monumentos pressupõe a existência de uma arquitetura, de um "estilo", e cada monumento possui uma individualidade. "São 'como datas'; sem elas, isto é, o antes e o depois, jamais poderemos entender a história"[5].

Aquilo que era considerado monumento, elemento catalisador de paisagens, eventos, memórias, hoje significa a infraestrutura para as periferias. O monumento entendido como lugar de agregação, hoje foi substituído por "percurso", ou seja, pelo lugar de passagem e, ao mesmo tempo, por novas formas de agregação. A ruptura, mais ou menos epistemológica no modo de viver, interpretar e transformar a periferia, deve necessariamente reconhecer esse processo. É nesse contexto que estão situados os não lugares contemporâneos.

As novas edificações possuem um novo papel ao se tornarem um novo ponto de referência dos percursos nos quais se organiza a nova estrutura urbana; assim, os limites entre "tipo" e "modelo" frequentemente serão passageiros.

O século xx é caracterizado pela formação de novos valores e de novas referências, pela modificação contínua dos imaginários individuais e coletivos. Em relação ao espaço urbano, para Secchi, o século xx é era da banalização, fragmentação e progressiva burocratização.

Os fatos relacionados com a cidade e o território são tão numerosos e nós estamos tão envolvidos que ainda é difícil fazer uma avaliação completa e persuasiva. O problema se agrava quando se deve decidir; o que preservar e o que desenvolver.

5   A. Rossi, op. cit., p. 172.

Invejamos as cidades europeias sem perceber que, no pequeno lapso de tempo ocorrido a partir de sua formação, e que demarca a história de nossas cidades, demolimos ao invés de tentar entender o que é necessário preservar. Da mesma forma ocorre com as pessoas, cuja formação depende de suas origens, antecedentes, educação, regras: quando sua história não é lembrada, os indivíduos podem perder parte de si mesmos.

Nas cidades, cada construção, cada cheio ou vazio, faz parte de sua história. As relações que se estabeleceram e se conservaram no tempo entre o signo e seu significado, na forma da cidade e de seu papel, e as funções desenvolvidas por todos os elementos que constituem o espaço urbano, fazem parte de sua história.

O problema das diferenças sociais torna-se mais complexo na cidade e, além daquelas históricas, pode acentuar a forma das diversas soluções arquitetônicas de caráter urbano. Forma que adquire caráter de necessidade, enquanto oferece às próprias diferenças sociais a possibilidade de serem representadas, de existirem com uma linguagem arquitetônica própria.

Qual o sentido do termo *coletivo*, tanto em termos gerais quanto específicos, quando as instituições e seus correspondentes equipamentos arquitetônicos, ditos coletivos, hoje são compreendidos, construídos e, principalmente, usados como lugares nos quais, casualmente ou não, somam-se apenas exigências individuais de maior número de pessoas. A materialidade assume uma função quase geopolítica, gera uma nova identidade hegemônica caracterizada pelo individualismo, pela quebra das tradições e pela fundação de novas. É no período moderno-contemporâneo que assistimos à consolidação do individualismo; à construção do indivíduo pelo desprendimento interior e exterior das formas de vida social em um processo gradativo e não linear, de conquista da independência individual e da diferença pessoal. Os elementos que poderiam unir os indivíduos se confundem o tempo todo com valores materiais e instrumentais lançados pelo consumismo.

É importante lembrar a ilusão da sociologia norte-americana produzida pelos *shopping centers* como lugares sociais; a rápida difusão do esporte passivo, a crise das instituições como o cinema ou teatro etc. E o fato de as cidades antigas cada vez mais adquirirem papel comparável ao dos fenômenos naturais em relação ao turismo de massa.

Hoje, também assistimos à difusão virtualmente infinita dos não lugares. Eles vivem não só como os da cidade consolidada, de sua presença física e identidade, mas também do efêmero tempo da percepção, do uso e consumo mais ou menos ocasional por um indivíduo anônimo. São lugares não habituais, não permanentes, mas, como quaisquer outros objetos de consumo, submetidos à lógica da moda, destinados a seguir as mudanças periódicas e improdutivas das tendências coletivas.

4.
Do Restauro Romântico ao Conceito de Preservação Contemporâneo

Quando se começou a considerar históricos não só os feitos dos grandes, mas também os do povo, o valor de historicidade da cidade estendeu-se a todo o tecido urbano.

G. ARGAN[1]

Diferentes Aproximações do Conceito de Restauro

É necessário reconstruir um percurso que, a partir do fim do século XIX, mostre como o conceito de preservação se transformou. Se antes a preservação era uma finalidade ligada ao significado de monumento e de patrimônio histórico-artístico, e à tutela de seus valores simbólicos por meio de técnicas e práticas específicas, hoje, a ampliação da disciplina do restauro leva a conservação a assumir progressivamente a dimensão de "método" em relação a regras e abordagens que integram diversos saberes e diferentes disciplinas.

No Renascimento, inicia-se o interesse por edificações do passado, principalmente aquelas da Antiguidade. Alberti teve papel de grande relevância com seu tratado

---

1 *História da Arte como História da Cidade*, p. 260.

De re aedificatoria, escrito em 1452, baseado no estudo de autores latinos e gregos, em particular dos dez livros que compõem *De architectura*, de Vitrúvio. Mas, a noção contemporânea de historicidade se estrutura somente a partir do século XVIII, com o nascimento da arqueologia e da antropologia, ciências incentivadas pela descoberta, em 1740, das cidades romanas de Herculano e Pompeia. Durante o Iluminismo despontou um sentimento de proteção em relação a um passado arquitetônico, a edifícios notáveis e a ambientes urbanos, ameaçados de perda irremediável devido às incessantes transformações. Entretanto, os pesquisadores estavam mais interessados nos vestígios de civilizações antigas, egípcias, gregas e romanas.

A primeira metade do século XIX até as primeiras décadas do século XX constitui um período dominado por dois teóricos com tendências opostas, o arquiteto francês Eugène-Emmanuel Viollet-Le-Duc (1814-1879) e o pensador e escritor inglês John Ruskin (1819-1900). Suas teorias foram consagradas pela historiografia da preservação de monumentos históricos, pela grande influência que exerceram em sua época, resultando em atuações e posturas de capital importância.

Viollet-Le-Duc formula o restauro estilístico, em que o restaurador deve penetrar na mentalidade do arquiteto que realizou a obra a ser restaurada. Em 1858, ele desenvolve extensamente suas ideias, reproduzidas no seu *Dictionnaire raisonné d'architecture* que definiam o restaurar um edifício não apenas como conservar, reparar ou reconstruir, mas como aperfeiçoamento a uma condição de plenitude jamais alcançada. A partir destes princípios, numerosas obras foram restauradas com metodologia arbitrária e manipuladas sem muitos escrúpulos, pois complementações e substituições destruíram características específicas do objeto em questão.

Por sua vez, John Ruskin testemunha o desenvolvimento da Inglaterra e as transformações ocorridas na Europa com a Revolução Industrial; ele acreditava no artesanato como expressão da criatividade humana, da sua individualidade e de seu equilíbrio com a natureza e com Deus; e se opunha à produção industrial enquanto causa de alienação e despersonalização. Em sua ótica, o monumento devia permanecer assim como estava, conservado apenas, intocável, sem modificações ou falsificações. Segundo ele, o monumento em ruínas deixa de ter uma imagem de acabado e adquire uma dimensão infinita que se confunde com a natureza, este tipo de intervenção foi mais tarde denominado restauro romântico. Para Ruskin, mesmo a simples substituição das pedras antigas destruiria o monumento e como resultado se obteria somente um modelo do velho edifício.

John Ruskin e o artista inglês William Morris (1834-1896), um dos principais fundadores do movimento britânico Arts and Crafts, mais tarde prefiguram um sentido de conservação, como distinguir entre o espaço do conhecimento e da interpretação e o espaço criativo. Pensam manter a cidade como estrutura carregada de relações com o antigo, cujo tecido deveria ser considerado patrimônio intocável, e cuja salvaguarda assumiria caráter de uma prática que bloqueia os efeitos devastadores do tempo.

Depois de quase meio século de predomínio do método estilístico, na Itália, durante as décadas de 1880 e 90, amadurecem novas posturas em relação às posições extremas de Viollet-le-Duc e Ruskin – o restauro histórico e o restauro moderno – associadas respectivamente às figuras dos arquitetos Luca Beltrami (1854-1933) e Camillo Boito (1836-1914).

O restauro histórico se fundamenta na filologia e na convicção de que todos os monumentos são distintos e finalizados por si mesmos; o monumento é considerado essencialmente como um documento. As intervenções deveriam ser realizadas baseando-se em dados de arquivos, livros, gravuras e na análise da própria construção, portanto, em provas fornecidas pela pesquisa histórica e pelo próprio objeto de estudos.

Em relação ao restauro moderno, Boito já em 1883 concebia os monumentos como documentos da história da civilização, apoiando radicais demolições na Itália sem sensibilizar-se com o contexto. Ele acreditava, basicamente, que os monumentos são documentos da história dos povos; neles deviam ser evitados acréscimos e renovações, embora as alterações ocorridas em outras épocas pudessem ser consideradas como partes dos mesmos.

O arquiteto e historiador vienense Camillo Sitte (1843-1903) sugere que espaço urbano torne-se o espaço em negativo da arquitetura. Considera o espaço entre edifícios com vida própria, como se se tratasse de um monumento. Em seu livro *A Arte de Construir as Cidades* (1889), até hoje uma referência para os arquitetos, ele observa que a cidade antiga constituía uma figura histórica, um modelo evolutivo cujo último estágio coincide com a civilização industrial. Opõe-se à rigidez e simetria dos projetos urbanísticos contemporâneos, e critica o isolamento dos monumentos, preocupando-se com a estética das cidades. Defende a preservação e perpetuação dos tecidos urbanos tradicionais, onde as pessoas se "sintam bem". Ele afirma que a decadência da qualidade estética da cidade moderna ocorre devido à falta total de princípios de composição que controlem a escala dos projetos e as técnicas de construção. Com referência à forma da cidade antiga, e seu estudo morfológico, seu método de refletir sobre a história e sobre a conservação torna-se instrumento de conhecimento do projeto, permitindo obter aspectos formativos e estruturais.

A obra de Alois Riegel (1858-1905), arquiteto e historiador de arte austríaco, reformula as bases teóricas para a definição de monumento. Seu raciocínio para um conceito moderno de patrimônio urbano fundamenta-se em uma codificação de valores que estão além do caráter puramente estético e semântico. Para ele, o valor do antigo é totalmente independente dos valores que se encontram no material, na tradição das técnicas de execução e no significado histórico-artístico. Na realidade, o valor manifesta-se pela deterioração lenta, que não cessa nunca. O valor da Antiguidade representa a memória, isto é, reaparece nos sinais do tempo que permanecem.

Entretanto, antes de continuar este breve, mas indispensável *excursus* histórico, é fundamental registrar o pensamento do filósofo alemão Nietzsche que, de certo modo, influenciou a intelectualidade da época. Nietzsche exaltava a necessidade da história para a vida e a ação. Voltando-se contra a "história decorativa", escreve: "Queremos servir à história somente na medida em que ela serve à vida".

A cultura moderna, para ele, parece tomada por uma "hipertrofia" do saber histórico, a doença histórica. Para descrever e tentar curar esta doença nociva, Nietzsche escreve o texto "Sobre a Utilidade e Danos da História para a Vida". O esquecimento, segundo ele, é necessário para a vida; para se poder viver no presente, é necessário esquecer o passado, para que ele não nos domine, nem paralise. Esse pensamento não significa que a história, fundada na memória do passado, seja inevitavelmente perniciosa; o importante é a lembrança do momento certo e na medida adequada. A história deve ser colocada ao serviço da vida e não ao contrário.

Ainda segundo Nietzsche, perdeu-se a relação que deveria subsistir entre a história e a vida; a história, ao transformar-se em ciência objetiva e sem interesse, impede suas relações com a vida. Sua palavra de ordem tornou-se *fiat veritas, pereat vita* (seja revelada a verdade, morra a vida). Mas a vida para Nietzsche deve dominar a ciência, porque um conhecimento que destrói a vida destrói a si mesmo.

As ideias de conservação baseadas exclusivamente na memória e na história, foram superadas graças às teorias do italiano Gustavo Giovannoni. Intelectual polêmico em relação aos cânones acadêmicos da época, situou-se entre a análise histórica e o projeto de restauro, e impôs uma visão muito ampla do "estudo dos monumentos", que se estende para a totalidade do ambiente urbano circundante. Seu conceito de planejamento urbano estava, de certa forma, em continuidade com o pensamento de Riegel, desenvolvendo-se em direção à integração dos saberes e competências diversas do arquiteto e aos diferentes aspectos da cidade que a compõem.

Ele retoma as regras de Sitte sobre a formação do espaço público da cidade, observando que ao longo dos séculos os tecidos antigos se adensaram e causaram uma ruptura do equilíbrio da densidade física e social. Porém, Giovannoni critica as teorias de Haussmann, acreditando que é necessário ter um certo cuidado em relação aos tecidos preexistentes para não criar cortes no tecido urbano, mas sim percursos que mantenham sua fisionomia e impeçam danos causados aos elementos urbanos pelas retificações que frequentemente provocam o isolamento dos monumentos e rompem a harmonia urbana herdada da Antiguidade.

A partir de 1935, começam a aparecer em revistas especializadas artigos sobre arquiteturas menores. O conceito de arquitetura menor, ou vernacular, nasce de uma das ramificações do regionalismo e serve para atrair a atenção de estudiosos, como Pagano, sobre uma série de áreas e de centros abandonados.

O pensamento de Gustavo Giovannoni influenciou, com sua visão italiana, toda a primeira metade do século xx, a ponto de ser adotado na Carta de Atenas de 1931 (resultado da Conferência Internacional de Atenas para o Restauro dos Monumentos), que também questionou a proteção aos monumentos históricos, embora a questão da preservação das cidades não estivesse ainda em pauta.

Foi somente com Cesare Brandi, nos anos de 1940, que a dialética entre história e estética no restauro seria formulada abertamente. Teórico e crítico italiano de história da arte, Cesare Brandi (1906-1988) criou a teoria da restauração, só publicada em 1963, distinguindo a restauração de produtos industrializados daquela realizada em obras de arte. A primeira refere-se à recuperação da funcionalidade dos objetos e a segunda tem o objetivo de restaurar a autenticidade material da obra, levando em consideração seus aspectos estéticos, correspondentes à percepção artística, e históricos, relacionados a uma produção humana de um determinado tempo e lugar, priorizando a estética em caso de conflito.

No período do pós-guerra, a Europa teve que enfrentar as consequências das destruições; na Itália é adotado o restauro crítico – desenvolvido principalmente pelo arquiteto Roberto Pane e pelo historiador Cesare Brandi – privilegiando o aspecto artístico com critério estético, segundo o qual o monumento deve ter inegável qualidade artística.

Extensão do Conceito de Preservação

Em julho de 1951, a área central, definida como "Coração da Cidade", foi tema do oitavo CIAM (Congresso Internacional de Arquitetura Moderna), na pequena cidade de Hoddesdon, próxima a Londres. Naquele encontro seria vislumbrado um processo de diferenciação mais profundo do movimento moderno e as ideias centraram-se na retificação da *Carta de Atenas*. Citaram-se cidades americanas e seus subúrbios, a criação de zonas centrais para pedestres nas cidades inglesas, suecas e holandesas, ressaltando a importância dos centros históricos das cidades italianas. O congresso se propôs individuar maneiras para "humanizar a vida urbana", como nova missão social dos CIAM do pós-guerra. As principais intervenções foram de: Sigfried Giedion, em "As Raízes Históricas do Coração"; José Luis Sert, "A Necessidade do Coração"; Le Corbusier,

"O Aspecto Humano do Coração"; e Walter Gropius, em "A Educação do Arquiteto". O centro urbano passou a ser o elemento caracterizador de uma comunidade, voltado aos seus habitantes (Sert), o repositório da memória da coletividade (Gropius), e o local que possibilitava entender o aspecto comunitário da vida humana (Jacob B. Bakema).

Entretanto, conforme escreve Michelangelo Russo, a Convenção Internacional de Veneza em 1964 ficou marcada por uma passagem importante para a ampliação dos princípios de conservação. Na Carta de Veneza, o documento é essencialmente baseado numa extensão da ideia de monumento para a de ambiente, evidenciando o valor das estratificações culturais, que incluíam também obras modestas.

Já a Carta de Amsterdã (1975) estabelece a conservação integrada, isto é, associa os dois conceitos de conservação/ restauro e suas atribuições a um uso apropriado. O monumento deve ter uma função compatível com sua natureza e que não comporte modificações violentas ou indiscriminadas. A história nos demonstra como a sobrevivência da arquitetura antiga está diretamente ligada ao seu uso.

O patrimônio histórico passou a ser considerado não apenas como testemunho de gerações passadas que nos transmitem seus valores culturais e de uso, mas também começou a respeitar ou a incluir os valores sociais e econômicos da atualidade.

Deste *excursus* percebe-se como não apenas o conceito de restauro sofreu fortes transformações no tempo sob o influxo das modas, filosofias, acontecimentos políticos e do próprio conceito de arte e de arquitetura, mas também como o profissional denominado restaurador mudou sua postura.

Nos intervalos de admiração, nostalgia e qualquer outro tipo de culto pelas obras do passado, sucederam-se diversos momentos marcados por forte aversão aos símbolos e monumentos de uma cultura sociorreligiosa precedente, contemporâneas de revoluções ideológicas drásticas.

A partir da Revolução Industrial e do surgimento de novos meios de transporte e, principalmente, em função do grande respeito que a ciência suscita no mundo contemporâneo, a conservação de monumentos passa a percorrer caminhos totalmente novos, sem precedentes em épocas passadas. De acordo com Jane Jacobs, as cidades tornam-se um imenso laboratório experimental, teatro dos falimentos e dos sucessos da construção e da arquitetura urbana.

Podemos assim concluir que o nascimento e a evolução da ideia de patrimônio urbano tem origem na passagem cultural, que transforma a *cidade material* em objeto de saber histórico. Tal conversão, pode-se dizer, já aconteceu no fim do oitocentos, logo após as transformações da cidade industrial e aos inevitáveis efeitos sobre o espaço urbano devido à desorganização do ambiente tradicional. A cidade antiga, mesmo a colonial, é uma cidade de proximidade e vizinhança, enquanto a contemporânea é feita de intervenções fragmentárias, de subtrações e acréscimos cumulativos que, embora ajam pontual e localmente, conseguem dar um novo sentido a todo o complexo urbano.

A eternidade é o significado intrínseco da memória, alimentando nas ciências humanas uma ideia de progresso que, radicado no passado, permite manter vivas e operantes as relações entre seus próprios valores. "Escrever para a eternidade"[2] é uma metáfora, mas não há dúvida que a obra de arte não é superada do mesmo modo em que são superados objetos tecnológicos. Este ponto de vista esboça como o saber científico agia no passado por meio de seleção e eliminação, enquanto as ciências humanas estão mais ligadas à seleção para a sua recuperação.

O trabalho seletivo, afirma Michelangelo Russo, adquire um valor *progressivo* no patrimônio da memória e do passado e informa uma posição teórica cuja conservação

2   Paolo Rossi apud M. Russo, *Aree dismesse*, p. 75.

é guiada pela intenção de "atenuar o esquecimento", de afirmar uma memória coletiva como conjunto de valores ligados a uma tradição, instituições, ideias[3].

Conservar quer dizer, em primeira instância, individuar os valores implícitos nos bens culturais e nas relações existentes entre o patrimônio e a cidade; significa também individualizar estratégias para sua manutenção e continuidade em relação aos significados que os traçados do passado assumem, e em relação às novas exigências e às novas formas da vida associada. A ampliação do conceito de conservação está ligada à passagem de uma cultura integrada, cuja permanência dos valores na história está conectada à ideia de projeto.

Mas, em muitos casos, a preservação torna-se operação contraditória. A política de preservação tem uma atuação ligada a normas que não consideram a pluralidade de valores e diversidade de interesses e dos diferentes significados associados. De fato, não é mais concebível, nas condições de continuidade da evolução urbana, a não modificação do tipo de uso de um edifício ou de um espaço urbano. A identificação do patrimônio é associada a diversos momentos históricos e a vários contextos socioculturais aos quais, em vez de serem submetidos a um controle sobre as dinâmicas do processo de modificação do comportamento estrutural do edifício, de partes de áreas urbanas ou das relações entre espaços, são-lhe impostos como concepções estruturais e técnicas prejudiciais à estrutura original ou imposição de papéis e funções carentes dos mecanismos de flexibilidade que permitam sua adaptação às exigências impostas pelo dinamismo da própria cidade.

É necessário estender o conceito de conservação de monumentos arquitetônicos à fisionomia da cidade como um todo, por meio de revitalizações ou mesmo restauros, de modo que o tecido histórico, como trama do existente, seja considerado dentro de seu contexto e entendido como um

3   Idem, ibidem.

sistema contínuo de referências para a transformação e tutela dos valores históricos e culturais. Portanto, o ambiente urbano e o território são referências para criar ou modificar as relações entre os bens que constituem objetos de conservação e têm uma importância histórica que vai além dos aspectos arquitetônicos físicos e estéticos.

Na Europa, e de modo particular na Itália, um novo conceito de "herança histórica" amplia a opinião tradicional de relação monumento/documento, ou seja, o conceito de patrimônio não se limita aos monumentos, mas se estende progressivamente à herança do passado, da mais distante à mais próxima, por características de ordem cultural. A prioridade, dirigida somente à conservação de obras relevantes, começa a abranger edificações sem importância arquitetônica significativa, prevalecendo o valor da história sobre a estética. Hoje, após décadas de reflexão, alguns historiadores ainda insistem em diferenciar a arquitetura entre menor, maior ou monumental.

A ideia seria ampliar a preservação aos tecidos urbanos menores, áreas e imóveis industriais obsoletos ou abandonados, arquitetura rural e vernacular, formas de paisagens alteradas pelo homem. Desta maneira, a questão do patrimônio se tornaria o resultado de um processo complexo de seleção crítica agregada a um valor memorial.

Observa o sociólogo francês Henri-Pierre Jeudy que a revitalização dos centros históricos provoca a sua morte, transformando-os em "museus". Segundo ele, esta transformação tem como origem uma estratégia de *marketing* para atrair turistas e que se soma ao temor da população de perder sua identidade cultural. Contraditoriamente, diz ele, o resultado são cidades mais homogêneas e menos interessantes. O sociólogo acredita também que essa preservação está ligada ao medo de se perder a identidade cultural; uma contradição, no seu entender, porque acredita que a cidade sempre possui identidade, mesmo sem ser

Figuras 27, 28, 29
Edifício de habitação popular de meados do século XIX, antes e depois do projeto de recuperação.

bonita. Cita como exemplo São Paulo, "considerada muito feia, mas essa feiura é de uma estética fantástica, nós podemos amar também o que há de feio na cidade, a ponto de esses territórios passarem a ser considerados tão bonitos quanto o centro de Salvador"[4].

A beleza de uma cidade, porém, não depende de seu aspecto morfológico. O mais apropriado seria enfocar o *genius loci*, ou seja, o espírito do lugar; aquela matéria abstrata cujo espaço físico pode criar, segundo Heiddeger, uma "relação existencial entre o homem e o ambiente", que sobrevive às contínuas modificações das estruturas urbanas e confere um caráter indestrutível à cidade e à paisagem. Já diziam os povos antigos que um lugar com *genius loci* era um lugar ligado ao cosmo.

Para alguns autores, como Augé, a metrópole vive e cresce ignorando e destruindo a natureza peculiar dos lugares, para apagar diferenças e complexidades, e cobrir o território de funções e de não lugares, ou seja, de espaços sem identidade, relações e história.

Afirma Bernardo Secchi:

> A verdadeira vitória do mercado, e de suas mais aberrantes formas especulativas sobre o projeto civil hoje, é totalmente representado, tanto em termos práticos quanto teóricos, no urbanismo quantitativo, na tentativa de reduzir de maneira homogênea os valores que governam as construções e transformações da cidade, aos valores financeiros[5].

A cidade antiga é uma estratificação de traçados e de memórias, cujas relações de proximidade e vizinhança são o resultado de cada época que representou, no próprio projeto de cidade, sua ideia de espaço; traçados e memórias que agiram no imaginário e no comportamento coletivo,

4   Em entrevista concedida a Amarílis Lage, *Folha de S. Paulo*, 6 de junho de 2005.

5   *Primeira Lição de Urbanismo*, p. 185.

Figura 30
Terminal de ônibus do Parque Dom Pedro II,
São Paulo.

seja na cidade medieval, renascentista, colonial ou mesmo industrial. Ignorar a importância dessas imagens, e os processos pelos quais elas se tornaram imagens em que sociedades inteiras se reconheceram, pode ser um erro; muitos projetos contemporâneos procuram recuperar na cidade uma certa compostura, sem com isso levá-la a assemelhar-se à cidade do passado.

O centro antigo, porém, não deve ser pensado como um museu ou realidade externa a um ciclo vital de transformações; ao contrário, deve existir uma relação entre o que se constrói e o que se recupera na cidade. Para Michelangelo Russo:

> a extensão do conceito de conservação está relacionada com a abertura de uma cultura setorial (essencialmente ligada ao valor histórico, de um patrimônio arquitetônico visto essencialmente como monumento) direcionando-se para uma cultura integrada, na qual a sobrevivência dos valores da história conecta-se à ideia de projeto[6].

Na declaração final do Congresso sobre o Patrimônio Arquitetônico Europeu de Amsterdã, em 1975, foi afirmada a validade dos princípios de *proteção global* e *conservação integrada*, subentendendo-se "integrar os valores da conservação do patrimônio cultural com as formas complexas da cidade, entendida como conjunto de funções, relações e práticas sociais". Tal complexidade requer uma visão entre diversos setores, e interdisciplinaridade quanto aos problemas urbanos, em condições de equilibrar as ações de "conservação" e "modificação", mas também de assegurar a continuidade e desfrutar os valores da história. Ambos os princípios – *proteção global* e *conservação integrada* – afirma Michelangelo Russo, "fundam seu reconhecimento na validade dos dois elementos essenciais para a

6   Op. cit., p. 76.

vida associada: o significado do patrimônio arquitetônico e a legitimação de sua conservação"[7].

A sensação de pertencer a um lugar por parte dos indivíduos que o habitam nasce e é alimentada por elementos da história pessoal ou familiar, relacionados com os próprios lugares que se tornam códigos de memórias coletivas, nos quais os cidadãos se reconhecem. Assim, a memória não é simples lembrança do passado, mas subjetividade do presente, fonte de identidade; historicamente, se materializa e é representada de maneiras diversas. Exprime-se por meio de formas artísticas: pintura, escultura, arquitetura e literatura. Pode ser organizada em arquivos, imagens, suportes audiovisuais e enriquecida por sujeitos coletivos, como família e associações ou instituições, como escolas e organizações estatais.

A sociedade habita a cidade e nela organiza seus espaços e ambientes, elabora suas relações, celebra e demole legendas, mitos, ideais e ideologias, manifesta suas inerentes ou novas diversidades; portanto, história social e história urbana avançam para uma interação complexa, em que guerra e paz deixam sinais e signos dos tempos, sedimentando riquezas e tragédias.

A preservação, nesta sua acepção mais recente, constitui o modo sempre mais decisivo, uma "base de fundo" para práticas artísticas, projetuais e criativas em geral; isto é, para aqueles que usam como instrumento de conhecimento a imaginação e a memória. A conservação se torna assim um percurso privilegiado em direção à lembrança do passado, como seleção crítica daquilo que tem valor coletivo: uma postura preservadora se afirma no contemporâneo em contraposição a uma ideia de modernização "que tudo destrói e esquece"[8]. As noções de memória e esquecimento constituem aquela "membrana semipermeável"

7   Idem, ibidem.
8   Idem, p. 75

que, na interpretação de Paolo Rossi, "distingue as ciências naturais das ciências humanas: a dialética entre eternidade e transitoriedade indica o modo diferente de conceber o passado como material sobre o qual construir o futuro"[9]. Nesse caso, transitoriedade não tem o significado da poética oriental da impermanência das coisas; seu significado está ligado ao esquecimento que, por sua vez, remete à superação dos saberes precedentes, coincidindo com o avançar dos percursos da pesquisa científica.

Para Jeudy, na Europa, ainda persiste o dever de cultivar a memória. A conservação patrimonial visa proteger os rituais, manter uma lembrança simbólica do espaço e quando as pessoas esquecem algum fato histórico, elas têm um senso de culpa causado principalmente pelas guerras por que passaram.

A coletividade se reconhece e identifica através dos elementos que compõem a cidade, com a forma da *urbs*, ou seja, com as edificações, o sistema viário, os cheios e vazios de sua estrutura e pela presença ou não de sua história, seu esquecimento; assim, a requalificação do espaço urbano se torna um estratagema para representar a *civitas*. É bom lembrar que na língua latina *urbs* significava o espaço físico e *civitas* o social[10].

A identidade da metrópole atualmente é aquela de figuras parciais, de fragmentos emblemáticos e de perda de valores básicos de urbanidade e de vida coletiva; por essa razão, o centro histórico deve estar cada vez mais integrado às exigências da cidade contemporânea, estabelecendo, porém, relações significativas nas suas diferenças com os conceitos de cidade e memória.

A evolução da Ideia de conservação resulta de um processo teórico obtido a partir das percepções de conjunto urbano, de paisagem e ambiente, compreendidos como finalidades gerais para orientar qualquer tipo de política.

9 Apud idem, ibidem.
10 Idem, ibidem.

Figura 31:
Favela Marginal Tietê/Ponte Júlio de Mesquita Neto, São Paulo.

Isto ocorre, segundo Russo, a partir de uma noção de bem cultural e de memória ligados essencialmente a um edifício, a um monumento ou a uma criação artística, cuja dimensão e importância histórica podem ser mais ou menos expressivas.

A operação de demolição, como a própria história ensina, é parte integrante do processo de construção e regeneração da cidade, provocado em geral por mudança de cânones estéticos, funcionais, militares ou sociais que induzem julgar anacrônica e obsoleta a produção arquitetônica vernacular de um determinado período.

A defesa do antigo e a intensificação da produção arquitetônica e artística contemporânea são dois lados de uma mesma moeda: ações paralelas que devem coexistir e sobrepor-se com a firme intenção de melhorar a qualidade do espaço urbano.

Conforme Michelangelo Russo, o passado não é uma realidade a ser fossilizada ou reproposta; ao contrário, o

Figura 32:
Casas da rua da Assembleia, São Paulo, 1987.

Figura 33
Arcos do bairro do Bexiga em São Paulo,
construídos em 1909-1914,
recuperados e tombados em 2002.

passado deve ser decomposto e analisado por regras e referências estruturais precisas. E, como já despontava no *18 do Brumário de Louis Bonaparte*, de Karl Marx, e mesmo nos conceitos de base de Sigmund Freud, sem um profundo conhecimento e análise do passado não há perspectivas para se corrigir o presente. A lembrança do passado é instrumento de conhecimento que vai além da memória. Se a conservação pode inibir a criação, a falta de zelo para com o patrimônio histórico pode levar à perda dos fundamentos históricos do conhecimento, indispensáveis a toda criação contemporânea e mesmo à inovação.

Técnicas de expansão foram substituídas por práticas de recuperação e remodelação fundamentadas na história, por meio de significados coletivos, intrínsecos e estratificados, ou seja, baseados nas tradições regionais e pertencentes à cultura popular. Esta se manifesta de modo muito diferente em cada região em função de suas raízes, costumes e identidade. A recuperação deveria considerar os efeitos do reequilíbrio e da transformação em escala urbana e territorial, levando em conta a ampla estratégia de valores.

Em resumo, pode-se dizer que a construção da cidade se desenvolve em um processo contínuo de modificações, demolições ou reconstruções, acompanhando ou contrastando com as transformações sociais da história.

A Obsolescência Industrial

A obsolescência e a desativação industrial não são somente características da cidade pós-industrial; a história da cidade europeia lembra que grande parte da cidade medieval foi construída nos espaços vazios ou obsoletos deixados pelo declínio da antiga cidade clássica, sobre os escombros de suas construções ou mesmo recuperando materiais da antiga cidade. A obsolescência e a desativação da cidade contemporânea geram novas edificações, com conotações formais e de tipo de uso diferentes configurando uma mudança da geografia urbana e novas relações espaciais

O fenômeno da obsolescência industrial e da descentralização desse setor ocorre pelo menos há trinta anos na Europa. É possível, assim, traçar um roteiro das mudanças através do reconhecimento das diferenças de cada caso, de suas origens, condições e valores estratégicos. Muitas dessas áreas já desocupadas ou em fase de abandono são extensas, outras menos expressivas, podendo mesmo se tratar de edifícios isolados, mas o contexto urbano e as carências subjacentes serão fundamentais.

As habitações construídas a partir de 1950 em diante, também sofrem um ritmo acelerado de obsolescência. Entretanto, a intervenção em edifícios contemporâneos exige maior atenção crítica e a discussão sobre preservação em certas megaestruturas de habitação popular com perfil degradante, deve ser bem avaliada.

A reflexão sobre o princípio da conservação feita por Russo leva em consideração a sua "proveniência" e a sua progressiva extinção durante a história, e permite afirmar que a cidade industrial e seus múltiplos significados, subespécies de extintas áreas industriais, constituem parte integrante do patrimônio urbano.

É indispensável definir a condição pós-industrial da cidade a partir de fenômenos de declínio urbano, da crise dos modelos e das lógicas de produção consequentes das crises energéticas, da revolução da informática, e até transformações de mercados.

A incorporação de novas tecnologias de informática redesenham o cenário tradicional de produção e as condições de trabalho afetando as estruturas tradicionais. Devido à utilização interativa de equipamentos e da rede de telecomunicações os trabalhadores podem realizar suas atividades profissionais à distância ou na própria residência, em diversas

Figura 34
Edifício São Vito, São Paulo.

partes do mundo. Curiosamente, o processo que desloca o trabalhador, retirando-o do local de trabalho, e novamente alocando-o em sua residência, caracteriza o retorno, guardadas as devidas especificidades, a um momento em que o artesão dividia em sua casa o lugar de viver e o lugar de trabalhar, "às vezes, no entanto, a atividade apenas se transfere para novos edifícios localizados ou na mesma cidade, modificando-lhe a geografia funcional ou simbólica ou, sobretudo, na 'cidade difusa'"[11].

Essa descentralização industrial não está ligada somente à transferência das áreas de produção, mas à modernização de serviços e infraestruturas. Ela cria a perspectiva de uma melhora do equilíbrio demográfico e do preenchimento das carências de serviços em determinadas áreas da cidade, prevalecendo a ideia de construir no já construído.

11 B. Secchi, *Primeira Lição de Urbanismo*, p. 107.

Figura 35
Foto aérea das antigas indústrias Matarazzo,
São Paulo.

Mas nem tudo que caracterizou a cidade industrial – fábricas, áreas de produção, equipamentos superados – pode ser considerado como patrimônio, como objeto a ser conservado e tutelado. Isso exige uma revisão analítica e crítica desses valores, isto é, quais valores manter, como mantê-los e que relações devem estabelecer com a cidade.

Essas fábricas, armazéns e galpões, antes em regiões relativamente afastadas dos centros das cidades, hoje, engolfados pelo crescimento urbano, ganham nova centralidade. A obsolescência industrial gera estratagemas, pois torna disponíveis para novos tipos de usos, áreas e partes do território ou imóveis com uma posição central e estratégica no contexto urbano, e proporciona um grau de infraestruturas e relações de diferentes intensidades, embora já existentes.

A reutilização destas áreas e edifícios é geralmente caracterizada por novos usos e funções de caráter coletivo e público, com tendência ao saneamento ambiental. E, com a mesma lógica de *marketing* para conservação de monu-

Figura 36
Foto do projeto de requalificação da área
das indústrias Matarazzo, São Paulo.

mentos, os investimentos privados têm grande interesse neste tipo intervenção.

Mescla de Pessoas e Diversificação de Atividades

A preservação da cidade deve manter os modos de vida a ela vinculados. A arquitetura vernacular necessita ser considerada dentro do seu contexto, como uma ponte entre a história e a arquitetura, como um sistema contínuo de referências para a transformação e tutela dos valores históricos e culturais e para a formação de uma consciência popular. Visto que muitos edifícios sobrevivem a si mesmos e à sua função, transformá-los é e continuará a ser uma ação importante. Do mesmo modo como é importante transformá-los fisicamente, é importante analisar o conceito e aprofundar seu fundamento lógico.

A recuperação deve considerar os efeitos do reequilíbrio e transformação em escala urbana e territorial, em conexão com uma ampla estratégia de valores, entre os quais uma mescla bem complexa de usos que requer uma variedade enorme de ingredientes para conferir à cidade a segurança das ruas, os contatos entre os habitantes.

As intricadas misturas de usos diversos nas cidades não são uma forma de caos; ao contrário, elas representam uma complexa e altamente evoluída ordem. De qualquer maneira, fica evidente que as intricadas mesclas de edifícios, usos e visuais são necessárias para a vitalidade dos bairros urbanos. É verdade que as diversidades trazem consigo inconvenientes – que lhes são atribuídos pela doutrina e literatura urbanísticas – como feiura, conflito entre os vários usos, e congestionamentos, conforme previsto por Jane Jacobs, entre outros.

Escreve David Harvey, em *Condição Pós-Moderna*, que, atualmente, é norma procurar estratégias pluralistas e orgânicas para a abordagem do desenvolvimento urbano, como uma colagem de espaços altamente diferenciados, ao invés de perseguir planos baseados no zoneamento funcional de atividades diferentes. A cidade-colagem é agora o tema explorado, e a revitalização urbana substitui a renovação urbana como a palavra-chave do léxico dos planejadores. Em qualquer espaço de território urbano são imprescindíveis serviços diversificados com importância territorial que permita os intercâmbios com as outras partes da cidade.

A esse respeito, Jane Jacobs escreve que as cidades têm necessidade de usos complexos e diversificados independentes entre si, tanto sob o aspecto econômico quanto social. As zonas doentes são exatamente aquelas nas quais falta esta espécie de complexa interindependência. O bairro, ou melhor ainda, o maior número possível de zonas que o compõem, deve servir para muitas funções primárias possíveis, de preferência mais de duas. Estas funções têm de assegurar a presença de pessoas que povoem as ruas em horários diferentes que, apesar de frequentarem a região por motivos diferentes, mantenham o mesmo modo de uso de seus equipamentos.

A mistura de usos aos quais são destinados os edifícios reflete-se diretamente em uma variedade de usuários que entram e saem nos mais diferentes horários, em função de seus trabalhos; o ambiente urbano torna-se uma complexa sequência de usos e utilizadores.

Jeudy alerta para o fato de que ao tentar recuperar os centros históricos pode-se fazer uma *tábula rasa* da região; expulsar a população, mudar a configuração do lugar para atrair um público mais rico, instalar restaurantes etc. Diz ele que poderiam ser feitas as mesma coisas com a parceria da população, sem removê-la, com a participação das instituições que ali atuam e com a ajuda do governo. A prática hoje consiste em expulsar antes para depois restaurar tudo, embelezando para habitantes mais ricos que aí irão residir.

Portanto, a extensão do conceito de preservação pode efetivar-se somente a partir da reinterpretação da mescla de atividades, multiplicidade e densidade do ambiente urbano. E esse é o caminho para se efetuar um novo equilíbrio ao desenvolvimento desordenado da cidade e à falta de serviços adequados no plano metropolitano, urbano e local.

Quanto mais uma cidade conseguir misturar em suas ruas, quotidianamente, uma variedade de usos e utilizadores, tanto melhor. Em outras palavras, segundo Jane Jacobs, quanto mais os habitantes puderem animar e manter vivos os parques, de forma espontânea e econômica, melhor será para a cidade. Os parques, por sua vez, poderão conferir aos seus bairros amenidade e prazer, ao invés de desolação.

A vida coletiva de tipo informal, que se desenrola nas ruas, pode dar apoio a uma vida pública mais formal e organizada. Gastam-se fortunas com a segurança urbana, mas a cidade somente é segura quando se pode encontrar pessoas nas ruas, a qualquer hora.

Resumindo o pensamento de Jane Jacobs, nas nossas cidades temos necessidade de todas as formas de diversidade misturadas entre si, de modo que uma mantenha a outra, que a vida urbana possa acontecer de maneira decorosa e construtiva e que seus habitantes possam manter vivas suas diversidades e desenvolver melhor ainda esse tipo particular de sociedade e civilização. Porém, a diversidade urbana nasce, na maioria das vezes, das atividades de inúmeros indivíduos e organismos privados diversos, animados por ideias e finalidades variadas, que programam e operam fora do quadro formal da intervenção pública. Para se tornarem econômica e socialmente aptos à formação da diversidade e de seu desenvolvimento otimizado, os bairros urbanos deverão possuir eficazes misturas de usos primários, edifícios de idades diferentes e um elevado número de população. "O ambiente urbano é feito de coisas absolutamente concretas", escreve Jacobs[12].

Por se tratar de lugar de mistura e diversificação, a cidade contemporânea é por natureza instável. É a sede de mudanças contínuas que provoca formação de situações críticas e soluções transitórias dos problemas: casas que viram fábricas, fábricas que se transformam em teatros, escolas que viram casas, jardins que se tornam parques, ruas tranquilas que viram eixos de tráfego intenso. Secchi ressalta que:

> O fim da modernidade como já o foi para a cidade antiga , é, ao mesmo tempo, obsolescência e desativação, transformação e reutilização de muitas de suas partes: a desativação de fábricas, de escolas e quartéis, de molhes, de ginásios esportivos, de estações e pátios ferroviários [por terem perdido sua função original]. Mescla, diversificação e obsolescência, sucedendo-se,

12 *Vita e morti delle grandi città*, p. 88.

destroem valores posicionais[13] e continuamente propõem novos problemas culturais: quer digam respeito aos graus de tolerância, compatibilidade e incompatibilidade em relação ao outro, a suas práticas, a seus usos e atividades, aos ruídos, aos odores, quer se refiram às temporalidades sobrepostas e entrecruzadas[14].

---

13 Roy Harrod, um importante economista inglês, fala de valores posicionais para indicar, em termos mais neutros, que o valor de um bem ou de um serviço pode depender não só de sua raridade ou de seu custo de produção, mas também de sua posição na sociedade ou na cidade.

14 *Primeira Lição de Urbanismo*, p. 91.

Conclusão

*Na cidade histórica, a morfologia urbana
tem a função de assegurar a permanência,
a unidade e a continuidade no espaço e no
tempo, enquanto a arquitetura é submetida a
uma transformação continua que lhe impõe,
por definição, ser heterogênea, descontínua e
fragmentária.*

B. HUET[1]

Hoje, as cidades são formadas por arquiteturas que se tornaram monumentos isolados, em razão de o espaço não ser mais estruturado em um tecido urbano composto por ruas, praças, cheios e vazios, o que acabou alterando a relação entre indivíduo e espaço. O modo mais corrente de dar vida a um pedaço da cidade no cotidiano contemporâneo é o rito do consumismo, já que através dessa compulsão passa-se a imagem não do que o indivíduo é, mas do que pode vir a ser ao comprar e ostentar determinados bens de consumo.

Na metrópole contemporânea não se oferece mais ao cidadão a ágora, a espacialidade física de lugares públicos que incentivam encontros, trocas e relações sociais; não mais arquiteturas que desenvolvem o bem-estar no dia-a-dia, mas muitos não lugares, sem conotações mais consistentes.

---

1 La città come spazio abitabile, *Lotus, Internacional.*

Em uma análise da qualidade de vida cotidiana, levando em consideração a destruição do espaço urbano pela desvalorização da rua e dos espaços livres públicos, portanto, da memória e da própria história urbana, as referências comuns desaparecem, os lugares se tornaram não lugares, pois é no não lugar que não existe espaço para a memória, para a história e para a percepção sensorial. O não lugar pode ser qualquer lugar que não mantenha ligações com o *genius loci* do território que o circunda; é aquele onde o indivíduo inexiste ao se diluir na massa de passantes e consumidores, cada qual procurando somente satisfazer suas próprias exigências. Conforme assevera Marc Augé, é no anonimato dos não lugares, das paisagens contemporâneas esvaziadas de sentido e de história, que se vivencia hoje, solitariamente, a comunhão dos destinos humanos. As exigências mudaram, mas alerta o arquiteto espanhol Oriol Bohigas, "é prioridade organizar os espaços públicos para controlar a cidade"[2]. É o que está além do espaço privado que constitui a cidade; ao renovar ou reutilizar o espaço público, provoca-se uma evolução e recuperação do espaço privado.

Dessa maneira, a conservação como prática específica para salvaguardar e tutelar os valores históricos e garantir sua continuidade deve ampliar seus próprios significados e potencialidades, integrando-se ao complexo processo de transformação urbana, às suas múltiplas formas de vida contemporânea e às relativas modificações.

Construir no construído – aproveitando principalmente as áreas de obsolescência que fazem parte dos tecidos e traçados existentes, e a consequente melhoria da cidade consolidada, valorizando as preexistências e os traçados históricos e geográficos – são ideias estratégicas para a rearticulação da organização urbana e de seus espaços públicos. A recuperação das áreas de obsolescência caminha

---

2   O. Bohigas, em O. Fillion (org.), *La Ville, six interviews.*

paralelamente a um processo de investimento voltado à modernização do sistema urbano.

Essa questão pode parecer de importância menor para uma grande metrópole, em razão das inúmeras problemáticas que deve enfrentar comparativamente a uma cidade de tamanho médio. No entanto, é preciso avaliar quão relevante significa ordenar pelo menos parte do tecido metropolitano para evitar sua dissolução em um território sem limites, e ao mesmo tempo identificar e poupar os elementos emblemáticos e suas relações entre si, suas consequências, escalas, hierarquias.

Cada cidade tem sua história, sua evolução, seu próprio desenvolvimento, sua problemática e soluções que podem ser generalizadas. Mas, por maior que sejam os desafios que a cidade tenha que enfrentar, a cultura de uma comunidade, entendida em seu aspecto mais amplo de ser, de viver, de confrontar-se, nasce da consolidação e conscientização de experiências e valores que os indivíduos da própria comunidade acatam. A lembrança e a memória são elementos fundamentais para a formação de uma cultura. Não se pode esquecer que memória nada mais é do que um depositário das experiências coletivas que se transmitem e se tornam cultura; a memória tem a faculdade de conservação do saber fazer, da consciência de si próprio, da lembrança de valores coletivos e de semente para o desenvolvimento da personalidade. Ela é criadora da identidade das cidades, dos países, de seus ritos, das celebrações e festas que acontecem nas ruas, nas praças, nas próprias calçadas que acabam definindo o espaço construído urbano, estabelecendo forte relação entre arquitetura e cidade.

A cidade hoje deve poder ser lida, reinterpretada, reproposta e, de maneira sempre atualizada, dispor de seus recursos, entre eles a arquitetura vernacular e o espaço metavernacular. Um percurso que se articula por meio de contínuas explorações no contexto, das dinâmicas urbanas, à procura de uma possível hierarquia de valores que concentram o valor da *urbs*, ou dito de outra forma, da memória e dos signos e da *civitas*, relação entre a cidade e a sociedade.

É necessário fazer conhecer aos seus habitantes o próprio patrimônio vernacular, além dos patrimônios cultural e civil, e fazer entender o quanto esses valores se refletem na própria identidade. De maneira diferente das artes decorativas e da arquitetura monumental, a arquitetura vernacular nunca seguiu caprichos e modismos, evoluindo no tempo de maneira quase imperceptível, adaptou-se às dimensões e às necessidades humanas sem maneirismos. Por meio dela, pode-se estudar tipos e tipologias esquecidos, delinear um processo de exploração, de conhecimento e crítica de uma realidade cujo sentido mais profundo parece submerso e complexo.

SEGUNDA PARTE:

ELEMENTOS DO PROCESSO E ESTADO DA QUESTÃO

Documentos e Testemunhos

1.
Uma Crítica de um Historiador Italiano aos Arquitetos

Naturalmente sem uma séria crítica do passado não há perspectiva possível para o futuro e vice-versa. Mas estamos certos de que a crítica do passado, especialmente do passado próximo, foi feita a fundo? Ou não foi com frequência desviada em *revivals* tão sugestivos quanto inconsequentes? Considerando sem opções preconcebidas toda a história recente da arquitetura, temos de reconhecer que a crítica cedeu com demasiada frequência à tese da estética idealista, para a qual a arte é um nível de valor e um grau de universalidade abaixo do qual nada existe, porque não existe arte boa e arte má, mas apenas a alternativa entre arte e não arte. Otimismo demais. Houve arquitetos famosos que trabalharam para o Estado e não para a sociedade, destruíram a história autêntica por uma falsa história, excluíram o povo do centro das cidades que haviam dolorosamente arruinado.

Houve e há arquitetos capazes ou incapazes, comprados pela alta ou pela baixa especulação; constroem para o lucro dos proprietários, sem se preocupar com as pessoas que condenam à condição de vidas indignas e com a cidade que condenam à morte.

G. C. ARGAN,
História da Arte como História da Cidade,
p. 247-248.

2.
Definir o Espaço como Identitário

Se um lugar pode se definir como identitário, relacional e histórico, um espaço que não pode se definir nem como identitário, nem como relacional, nem como histórico definirá um não lugar. A hipótese aqui defendida é a de que a supermodernidade é produtora de não lugares, isto é, de espaços que não são em si lugares antropológicos e que, contrariamente à modernidade baudelariana, não integram os lugares antigos: estes, repertoriados, classificados e promovidos a "lugares de memória", ocupam aí um lugar circunscrito e específico.

M. AUGÉ,
Non luoghi, p. 73.

3.
Lição do Passado e
Arquitetura Moderna

A nossa casa se apresenta assim, quase sempre, desativada e pobre, comparada à opulência dos *palazzi* e *ville* italianos, dos castelos de França e das *mansions* inglesas da mesma época, ou à aparência rica e vaidosa de muitos solares hispano-americanos, ou, ainda, ao aspecto apalacetado e faceiro de certas residências nobres portuguesas. Contudo, afirmar que ela nenhum valor tem, como obra de arquitetura, é desembaraço de expressão que não corresponde, de forma alguma, à realidade.

Haveria, portanto, interesse em conhecê-la melhor, não propriamente para evitar a repetição de semelhantes leviandades ou equívocos – seria lhes atribuir demasiada importância –, mas para dar aos que de alguns tempos a esta parte se vêm empenhando em estudar de mais de perto tudo que nos diz respeito, encarando com simpatia coisas que sempre se desprezaram ou mesmo procuraram encobrir, a oportunidade de servir-se dela como material de novas pesquisas, e também para que nós outros, arquitetos modernos, possamos aproveitar a lição de sua experiência de mais de trezentos anos, de outro modo que não esse de lhes estarmos a reproduzir o aspecto já morto.

L. COSTA,
Sobre Arquitetura, p. 88.

4.
Sobre Tipologia Arquitetônica

Sempre que, com o transformar-se das condições históricas, a invariante tipológica supera uma certa distância da escolha fenomênica, estabelece-se uma diferença, uma tensão com a realidade que se resolve com a construção de um novo tipo a partir de um novo exame da realidade, da qual participa a esquematização tipológica em questão.

A passagem de um tipo a outro se dá, portanto, voltando à complexidade dos fenômenos para organizá-los novamente. Mas esta organização, como já vimos, pode ter duas possíveis direções: ou a construção (enquanto seleção) de um tipo de relações entre os fenômenos como tipo ideal, ou bem uma classificação como redução dos fenômenos a esquemas operáveis. No primeiro caso, os tipos tendem a coincidir com o fenômeno como singularidade e assumem deste todas as características do objeto formado; no segundo caso, retiram-se para a ilusória neutralidade da classificação técnica. Talvez seja possível conceber uma terceira noção de tipo pensada enquanto estrutura orientada, enquanto campos de possibilidades; uma noção que mantenha unidos no tipo as qualidades de instrumento operativo e de seleção significativa.

V. GREGOTTI,
Territorio da Arquitetura,
p. 150-151.

5.
A Obsolescência Industrial

A fábrica foi, por pelo menos dois séculos, o principal lugar de socialização de grande parte da população urbana, de construção de estilos de vida e comportamentos comuns. A vida da classe operária e também de grande parte dos setores da classe média baixa era necessariamente pública, porque o espaço privado era insuficiente. Qualquer forma de lazer, mesmo para as donas de casa e seus filhos, desenvolvia-se em espaços públicos e abertos; a festa, o jogo, a excursão, a colônia de férias, a reunião política, o "passeio" Nesse clima não só se construíram fortes laços de solidariedade, mas cada desejo e aspiração permeava homogeneamente toda uma parte, bem vasta, da sociedade. "Sob muitos aspectos, essa consciente coesão operária e social atingiu o ápice, nos velhos países desenvolvidos, ao fim da Segunda Guerra Mundial"[1]. A obsolescência e desativação embaralhou as cartas, desagregando o corpo compacto da classe operária e, de certa maneira, também o dos segmentos médios: privando-os de referências espaciais e temporais tradicionais, essa obsolescência e

1   E. J. Hobsbawm, *Age of Extremes.*

desativação os dispersou entre um vasto número de atividades, de iniciativas e de lugares. No período caracterizado como "crepúsculo do futuro" e na ausência de outros lugares de socialização, isso deu origem a uma progressiva privatização do próprio estilo de vida, a uma crescente competitividade entre minorias que utilizam todo recurso humano, econômico e político para obter garantias no que diz respeito aos próprios *standards* de bem-estar. A cidade contemporânea tornou-se a sede de uma inumerável série de microconflitos. As políticas urbanas tornaram-se campo de negociações políticas, cuja direção e resultado não são claramente identificáveis.

B. SECCHI,
Primeira Lição de Urbanismo,
p. 107.

6.
Genius Loci e o Espaço Público

A perda do lugar é mais profunda em termos urbanos e está ligada à perda de estruturas espaciais que dão identidade à ocupação. A ocupação moderna é concebida como uma "casa ampliada" em vez de lugar urbano, como aquela desenvolvida pelos pioneiros da arquitetura moderna, Frank Lloyd Wright, Le Corbusier e Mies Van der Rohe. A planta da casa moderna tinha sido definida como "livre" e o espaço como um "fluir" contínuo que mal distinguia o exterior do interior. Tal espaço podia ser apropriado para uma casa suburbana (o ideal de Wright), mas não se adaptava em uma situação urbana. Na cidade, torna-se necessária uma clara distinção entre domínio público e domínio privado, caso contrário o espaço não pode fluir livremente.

C. NORBERG-SCHULZ,
Genius Loci, p. 194.

7.
Escrever para a Eternidade

A transitoriedade é o valor que liga a ciência ao seu progresso; o esquecimento, como norma daquilo que é transitório, remete o saber precedente à superação das teorias, coincidindo com o avanço da pesquisa científica. Além do mais a eternidade, por sua vez, é o significado intrínseco da memória e alimenta, nas ciências humanas, uma ideia de progresso que, radicado no passado, permite manter vivas e operantes as relações entre os valores.

Na realidade, a leitura de Leopardi não nos faz abandonar John Donne; a obtenção de um quadro de Chagall não resulta em mandar um quadro de Rafael ao depósito do museu. "Escrever para a eternidade" é uma metáfora, mas não há dúvida que a poesia não é superada da mesma forma em que são superados os resultados alcançados pelos observadores da natureza[2].

A observação de Rossi esboça como o saber científico age no passado por meio da "seleção e eliminação", enquanto as ciências humanas estão mais ligadas à seleção para se obter a recuperação. Eis que o trabalho seletivo no patrimônio da memória e do passado adquire um valor *progressivo*, e informa uma posição teórica cuja conservação é guiada pela intenção de "remediar o esquecimento", de afirmar uma memória coletiva como conjunto de valores ligados a uma tradição, instituições, ideias.

M. RUSSO,
Aree dismesse, p 75.

2   Paolo Rossi, *Scienze della natura e scienze umane*.

8.
A Cidade Grega

Assim, a memória da cidade percorre seu caminho inverso até a Grécia: aqui os fatos urbanos coincidem com o desenvolvimento do pensamento e a imaginação se torna história e experiência. A cidade concreta, que nós analisamos, tem, no entanto, suas origens na Grécia; se Roma soube elaborar princípios gerais sobre a urbanização e, portanto, soube construir em todo o mundo romano cidades segundo esquemas lógicos, é na Grécia que percebemos os fundamentos da constituição da cidade. E fundamentalmente é também na Grécia que percebemos um tipo de beleza urbana, de arquitetura da cidade, que se torna uma constante na nossa experiência de cidade; a cidade romana, árabe, gótica e aquela moderna se aproximam desse valor conscientemente, mas poucas vezes alcançam a beleza. Tudo o que é coletivo e individual na cidade, na sua própria intenção estética, foi fixado na cidade grega em condições que nunca mais poderão retornar.

A. ROSSI,
L'architettura della città, p. 180.

9.
Os "Pontos de Encontro" em São Paulo

A importância da rua como ponto de encontro sempre foi grande. Talvez porque desde o séc. XVII a única recreação coletiva e motivo para ir à cidade fossem as procissões, com seus mascarados, posteriormente transformados no entrudo e no Carnaval. [...] Em lugar de utilizar jardins afastados e cercados, os "Bois de Boulogne" crioulos, o paulistano preferia ficar em casa, ou melhor, em sua fazenda; ou ir tomar banho pelado no rio Tamanduateí [...]; ou caçar na Praça dos Curros (atual Praça da República), onde a ideia de touradas não vingara. Apenas no começo deste século, possivelmente em virtude de correntes imigratórias, começaram a ser utilizados os parques como ponto de encontro recreativos.

J. WILHEIM,
São Paulo Metrópole 65, p. 34.

10.
São Paulo,
uma "Cidade sem História"

A falta de transportes, a angustiante deficiência dos serviços de telefones e correios desestimulou a criação de centros alternativos para expansão do centro comercial. Dessa forma, um a um, os belos edifícios da metrópole do café foram demolidos para ceder lugar a edifícios onde houvesse maior aproveitamento do solo. Em São Paulo, construía-se "em cima" em vez de se construir "ao lado". Era a terceira cidade que surgia em um século.

Dessa forma, foram desaparecendo todos os documentos de nossa evolução urbana, processo que continua em nossos dias, dado o total desinteresse das autoridades pela história de nossa cidade, a ponto de edifícios como o Esther, o primeiro edifício moderno concluído no Brasil, e o edifício do Instituto de Educação Caetano de Campos terem sua sobrevivência condicionada apenas pelo orçamento do metrô. São Paulo corre o risco de se tornar uma "cidade sem história".

B. L. DE TOLEDO,
Três Cidades em um Século, p. 125.

Problemas e Questões de Interpretação

Praça, Rua e Soleira

A praça é o espaço coletivo mais relevante de todo o meio urbano. Sua função assemelha-se a um microcosmo urbano e não apenas a uma extensão espacial, pois ela contém todo um significado social que corresponde à cidade onde se insere.

Um dos papéis da praça é gerar pontos de encontro; ela humaniza os espaços porque, ao contrário dos jardins que pertencem a cada casa, a praça abrange todas as construções de seu entorno. São árvores, canteiros de flores, monumentos, bancos, bares, hotéis, restaurantes, edifícios públicos e financeiros, cinemas, teatros e, algumas vezes, até algum comércio além de exposições, espetáculos populares, caminhos para passeios e residências.

Vale lembrar que a história da formação da cidade de São Paulo, como todas as da América Latina, é totalmente diferente da formação das cidades europeias. Aqui, as praças e os jardins nunca tiveram a importância política e mercantil dos burgos medievais; nunca foram usados com essa função. Observa Jorge Wilheim, em sua análise do processo de metropolização de São Paulo que, em vez de utilizar jardins afastados e cercados, "o paulistano preferia ficar em sua fazenda ou ir caçar na Praça dos Curros (atual praça da República), onde a ideia de touradas não vingara"[3].

Ele também mostra a importância da rua como ponto de encontro a partir do século XVII, quando a única recreação coletiva que motivava a ida até o centro eram as procissões religiosas, posteriormente também festas profanas, como o entrudo e o carnaval. O povo preferia jogar frontão na rua 24 de maio (1903); futebol no Gasômetro (1888), embora no início apenas ingleses participavam; peteca no Largo da Forca (1870); bola na atual Benjamim Constant e cartas nas próprias ruas ou escadarias da cidade.

As ruas sempre asseguraram às cidades uma continuidade sem a qual qualquer bairro poderia pertencer a qualquer cidade. Sempre tiveram grande importância na estrutura e formação das cidades brasileiras como também nas inter-relações entre os cidadãos.

É a rua que resgata a experiência da diversidade, possibilitando o encontro entre desconhecidos, a troca entre diferentes pessoas, a multiplicidade de usos em um espaço público regulado por normas da administração municipal. É o espaço que se opõe, em termos de estrutura, ao do domínio privado, da casa, das relações familiares.

Às vezes, a rua é vitrine; noutras, é palco, lugar de trabalho ou de convivência. Tudo depende da rua que está sendo focada. Certamente, não é a das vias expressas, não é o espaço de circulação, mas aquela enquanto lugar e suporte de sociabilidade. A rua a que estamos nos referindo ocasionalmente se transforma e vira trajeto do devoto em

3   J. Wilheim, *São Paulo Metrópole 65*, p. 35

Figura 37
A calçada de Copacabana no Rio de Janeiro.

dia de procissão, local de protesto em dia de passeata, de fruição em dia de festa.

Na capital paulistana, por exemplo, com mais ênfase a partir dos anos de 1990, edifícios e condomínios fechados são projetados para substituir lugares públicos, praças e ruas, com piscinas, *playgrounds*, lugares de socialização exclusivos.

Em um contexto de contrastes e contradições é difícil pensar na rua como lugar de sociabilidade. Para determinados grupos sociais e faixas etárias e em determinados horários é o espaço do *shopping center* que oferece a experiência da rua.

A soleira, sempre considerada o espaço intermediário entre o privado (a casa) e o público, desaparece. Era um conceito fundamental até as primeiras décadas do século XX, simbolizando a entrada para um espaço onde se desenvolve uma sociabilidade básica, mais ampla que a fundada nos laços de parentesco. A soleira da porta, era, então, um

Figura 38
Calçada da rua Maranhão,
no bairro de Higienópolis, São Paulo.

espaço de mediação cujos símbolos, normas e vivências permitiam inter-relações. Os contatos sociais realizados na soleira traziam à tona fatos importantes associados às nossas origens.

Os arquitetos do movimento moderno substituíram a soleira pelos pilotis que se relacionavam com a rua, criando um espaço intermediário, hoje composto, por questões de segurança, pelas grades ou muros que cortam radicalmente esta intermediação. As fronteiras com a rua, portanto, ficam então definidas fisicamente, resultando em uma separação inquestionável e precisa.

A prioridade deveria recair na organização das áreas públicas para o controle da cidade. Falta reflexão sobre os caracteres que compõe o urbano, sobre as relações entre edifício e rua, entre espaço público e lote privado, entre o espaço dos automóveis e aquele destinado ao pedestre, entre rua e espaço aberto. Até hoje não existe uma postura crítica, um modelo de infraestruturas ou outras possíveis alternativas. A relação entre os espaços construídos e ruas, praças, áreas verdes, avenidas é tão importante quanto a qualidade da própria construção.

O Centro de São Paulo

Se no passado o centro se caracterizava como endereço dos negócios e do glamour paulistano, hoje enfrenta o estigma do abandono e da violência.

Uma das razões da degradação do centro histórico de São Paulo é o fenômeno de "fuga" de seus habitantes e a consequente transformação dessa área destinada a escritórios e lojas durante o dia, em divertimentos escusos à noite. Tenta-se, atualmente, ocupar edifícios inteiros abandonados ou com infraestruturas obsoletas, com a instalação de órgãos públicos, financeiros, ou culturais. Para a cidade adquirir vida, é necessária uma mistura de usos, de população, porque a região deve ser compartilhada por todos.

O centro, até os anos de 1950, era ocupado pela classe média alta, mas a tendência contemporânea, no mundo todo, consiste na mobilidade da população. Incentivar a ocupação do centro por residentes de diversas faixas sociais não quer dizer expulsar a população atual, na grande maioria de baixa renda, que ocupa o centro só há pouco tempo. Trata-se de intervenções que ao eliminar as áreas degradadas e ao criar novos serviços se propõem a convencer a iniciativa privada em investir também na manutenção da área. É errado pensar que um grande aporte financeiro do poder público sem a colaboração de entidades privadas poderia salvar este precioso patrimônio vernacular.

O edifício São Vito, em São Paulo, é exemplo de articulação entre reforma urbana e a questão social. Esse prédio já deixou de ser há muito tempo a "máquina para morar" do utópico projeto original; recuperar este "gueto" semidestruído, de alta densidade (26 andares e 624 *kitchenettes*), pode contribuir, em um futuro próximo, para o retorno dos cortiços. Esse enfoque tradicional, que alia habitação de baixo custo com alta densidade, resultou em algumas experiências mal sucedidas no mundo inteiro: a França, Inglaterra e mesmo a Itália do pós-guerra, realizaram uma quantidade considerável de unidades habitacionais destinadas a suprir o *deficit* de moradias, em geral verticalizadas, onde o baixo custo advinha da padronização das construções e/ou pela construção de longos e altos edifícios de apartamentos. Essas obras não estavam integradas ao tecido urbano e muitos dos "bairros" formados pelo conjunto dessas edificações formam hoje os denominados, na França, de *quartiers dificiles* e, pelo menos aqueles mais degradados, tendem a ser demolidos. Todavia, uma cautelosa renovação urbana poderia incentivar a recuperação de outros edifícios, tanto para habitações como para o setor terciário ou comercial, melhorando as relações sociais.

O setor privado deveria estar comprometido e ser encorajado a implementar ações para recuperar a área central, estabelecendo-se, porém, normas e legislações rígidas para evitar especulação imobiliária. Como prioridade, instalar infraestrutura desde o início dos trabalhos, com o objetivo de também oferecer apoio a qualquer outro tipo de recuperação. A complexidade dos problemas sempre deveria ser tratada na sua totalidade.

Nos anos de 1960, o ritmo de expansão da cidade se acentuou; acompanhando o setor imobiliário que passou a atender a demanda dos consumidores de alta renda por habitações mais modernas, bancos e empresas subiram a rua da Consolação e aportaram na Avenida Paulista. Esse deslocamento em direção ao quadrante sudoeste da cidade seguiu rapidamente nas décadas seguintes, em direção à avenida Faria Lima, chegou à Marginal Pinheiros e à avenida Luiz Carlos Berrini; nas últimas décadas foi mais além, para condomínios fechados como os de Granja Viana ou Alphaville.

A evolução urbana paulista é basicamente caracterizada por abandono ou destruição do vernacular em função de uma nova construção. Porém, o espaço no qual viveremos nos próximos anos está em grande parte já construído. A questão agora é criar um significado e um futuro a estas áreas por meio de modificações contínuas na cidade, no território, nos materiais e isto implica em recuperar nossa capacidade de respeitar o existente.

O Modernismo e a Complexidade Funcional

A Carta de Atenas, elaborada a partir de ideias de Le Corbusier, recorta a cidade em zonas monofuncionais, permitindo perversidades e provocando, com o passar do tempo, graves perturbações. Nos bairros em crise ou ditos sensíveis, a exclusão social foi o seu resultado mais tangível, assim como custos sociais e econômicos devido a deslocamentos produzidos pelo afastamento dos locais de habitação em relação aos de trabalho. A poluição e o estrangulamento das cidades são também efeitos destas situações urbanas, que provocam graves consequências sobre a qualidade de vida dos cidadãos e representam uma pesada herança para o futuro das cidades.

A divisão da cidade em zonas funcionais excludentes, a transformação de ruas em avenidas, a hierarquização do sistema viário, a construção da cidade como um todo orgânico a ser equilibrado e a consequente classificação da população segundo "necessidades", identificadas pela razão técnica e inspirada num conceito de homem universal, são procedimentos típicos do urbanismo modernista contemporâneo adotados de modo unívoco na cidade de São Paulo

Ainda que o urbanismo modernista tenha se caracterizado inicialmente como um movimento de vanguarda na luta pela retomada do espaço urbano pelo poder público contra o caos gerado pelo mercado nas grandes cidades, é sabido que os fundamentos desse tipo de planejamento e as práticas a ele associadas são contraditórios. Porque as cidades, ao se dividirem em recintos, produzem novos tipos de descriminação e para tanto privatizam-se os espaços. O valor de socialização do espaço urbano desaparece.

Os centros urbanos nasceram para ter funções. Hoje, é necessário reforçar aquelas funções e aqueles valores, recuperar a ordem natural que mescla os diversos setores: comercial, residencial, laboratórios, escritórios, lojas, equipamentos públicos e privados, também porque esses setores estão ligados a uma dimensão da identidade histórica extremamente diversificada. Uma cidade como São Paulo, com múltiplas etnias (multiétnica e pluralista), resulta do cruzamento de inúmeras culturas nas quais mudam e variam os conceitos de cidadania e identidade.

A Obsolescência e a Descentralização de Edificações

São Paulo, atualmente, não mais se caracteriza como polo industrial, mas sim como polo de serviços. As indústrias abandonaram suas antigas áreas que agora estão subutilizadas, principalmente nos corredores formados pelas linhas de trem e que são dotados de ampla infraestrutura e serviços. Estas áreas, porém, são extensas e localizadas em importantes regiões da cidade, principalmente na sua parte central.

Todo discurso de preservação da memória, da história e da identidade é questionado pela forma, tipo e modo de apropriação desses espaços. A reutilização de um bem é a maneira mais eficaz para garantir sua preservação, pois um monumento sem uso se deteriora rapidamente. Os poderes econômico e comercial se apropriam do valor cultural; para ser usufruído pela cultura predominante, acabam por desvinculá-lo de toda a sua rede de relações anteriores.

Uma dinâmica que engendra permanente proliferação entrópica, o acúmulo de construções abandonadas, fábricas vazias e áreas de demolição convertidas em estacionamentos, centros de culto ou depósitos, são espaços à espera de valorização. É o momento de conciliar a reinterpretação da multiplicidade e densidade da cidade histórica com as exigências do presente, ocupando o "vazio" com edifícios e espaços bem definidos.

O vazio não é imediatamente visível nos espaços intersticiais, aqueles praticamente imperceptíveis, ocultos entre os edificados. Esses vazios, espaços em negativo, podem se ampliar indefinidamente pela contaminação da obsolescência vizinha. Significa um crescimento contínuo do indiferenciado. Indicativos de baixa atividade imobiliária, são espaços reservados assim para uso futuro; quando inutilizados, só se tornam perceptíveis ao atingir o ponto crítico, a amplitude de toda a área, inviabilizando sua reinserção no mercado comercial.

Nos debates sobre o futuro do centro, é fundamental o questionamento que vem ocorrendo sobre o incentivo à habitação social na região, assunto inerente às discussões sobre o planejamento global de uma cidade que cresce nas periferias e esvazia-se em áreas onde há toda a infraestrutura instalada. Trata-se de um fenômeno que gera prejuízos múltiplos: ao meio ambiente, com ocupação de áreas de mananciais; ao poder público, demandado para transformar favelas em bairros; e à população pobre, confinada a habitações precárias e obrigada a percorrer as enormes distâncias que separam casa e trabalho.

É fundamental, porém, repensar o centro de São Paulo sob um perfil mais amplo e unitário. Pensar no crescimento da cidade, do solo edificado do centro e seu entorno, de algo de novo que continuamente se acrescenta àquilo que já existia até substituí-lo, transformá-lo e, eventualmente, até negá-lo. Pensar em uma população socialmente diferenciada tanto por atividades, capacidade financeira, como mistura de origens, de idade e de condições.

O conteúdo mais importante do projeto urbano é a possibilidade de reinventar o espaço coletivo, criando novas centralidades e reforçando ou redirecionando as existentes. Isto inclui a incorporação de novos elementos de atração destinados ao lazer, educação, equipamentos sociais e comércio, articulados com o mobiliário urbano e o sistema de transportes.

Cultura e Desenvolvimento

O centro é, de longe, a região com maior concentração de equipamentos de cultura de São Paulo. De acordo com dados do Centro de Estudos da Metrópole (CEM), aí estão 35% das bibliotecas, 45% dos centros culturais, metade dos teatros e a maior parte do patrimônio tombado do município. Um considerável estoque de espaços de lazer e entretenimento que às vezes se encontra em áreas bastante degradadas e são encarados como alavancas para a atração de público e de outros segmentos econômicos que viabilizem a revalorização imobiliária dessas regiões.

A Nova Luz é o objeto mais recente da longa história de tentativas de recuperação do centro da maior metrópole brasileira. Para entender o processo de degradação da região, é preciso recuperar a memória a partir do início da segunda metade do século XIX quando a área da Luz se torna o primeiro bairro residencial da elite de São Paulo, aliás, em uma época cultural agitada.

Não se deve privilegiar áreas pontuais pequenas como prevê o Projeto Nova Luz, por mais relevante que seja.

É necessário pensar de maneira ampla, dar incentivos fiscais, legislações e normas para dinamizar os setores de comércio e serviços, além de reorganizar o sistema de transporte coletivo.

Reverter o esvaziamento populacional ocorrido nas últimas décadas, atrair investimentos para ativar mais a economia da região, mudando a tendência paulistana de homogeneidade de comércio em determinadas ruas com maior heterogeneidade espacial e combater a degradação de espaços públicos e imóveis particulares são alguns dos principais desafios a serem superados.

A cidade é o lugar coletivo dos sonhos de seus habitantes. Nela, constroem seu espaço afetivo, compartilham valores comuns, idealizam como melhorá-la, torná-la mais humana. Mas a cidade também é lugar de contradições, de conflitos sociais, onde acontecem trocas de valores sociais e culturais.

Os serviços oferecidos pela Nova Luz, Sala São Paulo, Museu da Língua Portuguesa e Pinacoteca do Estado, tornam necessários os intercâmbios com outros setores da cidade, mas devem ser revistas as qualidades do espaço aberto e de uso público, a articulação e diversificação das funções, das atividades e dos serviços que definem a hierarquia dos usos e dos espaços. Essas questões exigem uma avaliação com a observância de serviços de valor territorial, suas possibilidades de suportar variações e complementações sem perda de identidade da população local, seja por tipo de atividade, poder econômico, origens ou idade.

Mudança ou Manutenção do Tipo de Uso na Preservação

O tema da manutenção ou não do tipo de uso de um monumento é ainda um dos temas mais debatidos. Deve sempre se considerar e conhecer as limitações do edifício sobre o qual se tem intenção de intervir, como também conhecer seu entorno. Além disso, é indispensável a avaliação dos investimentos e o valor arquitetônico e histórico do monumento, para encontrar o equilíbrio certo entre um e outro.

Os modelos urbanos do passado não são capazes de abrigar todas as complexas relações contemporâneas. Muitas vezes, em nome do moderno e do progresso existe uma tendência ao rompimento com o passado e com o antigo, e tudo o mais que se identifica com ele.

Sem nunca ter realmente deixado de existir, persiste o desejo mercadológico e financeiro, em substituição ao aspecto quase metafísico que a cidade tinha no passado. Com a preocupação de agregar valor econômico ao patrimônio, a escolha de um tipo de uso não compatível com o edifício, imposta por interesses puramente econômicos e sem uma atenta avaliação do impacto que pode produzir no próprio edifício e em seu entorno, seja ele um monumento, uma indústria obsoleta ou uma arquitetura vernacular, pode ainda resultar em danos comparáveis àqueles determinados por um abandono.

É muito comum a exploração meramente visual de experiências urbanas que fogem à lógica produtiva do consumo, do *marketing* urbano e da massificação, ou seja, a preservação acontece com a mera conservação da "casca" e uma total reconfiguração interna.

Em São Paulo, como em muitas cidades brasileiras, costuma-se fazer uma *maquilagem* na arquitetura vernacular, acreditando que essa pseudomodernização embeleza e valoriza as edificações – em geral, empreendimentos comerciais

Figura 39
Casas geminadas da rua Piauí,
no bairro de Higienópolis, São Paulo, década de 1970.

ou terciários –, evidenciando, por meio dessa "cosmética", uma concepção filosófica moderna de eficiência empresarial, conforme pode-se perceber na avenida Brasil, na avenida Pacaembu, na praça Vilaboim, entre outras.

Em consequência, devem ser totalmente evitados qualquer tipo de exploração comercial e financeira dos monumentos históricos, e sua incorporação à indústria cultural, baseada na transformação das produções culturais e do próprio patrimônio histórico em elementos de consumo de massa, por sua apropriação comercial, sobretudo, por meio do turismo.

É indispensável não camuflar a intervenção, mas sim evidenciá-la, tornando-a reconhecível e viva de maneira a poder apreciar o passado como ele era, e permitir seu uso de uma forma atual, de acordo com as novas necessidades contemporâneas.

O monumento, testemunho sociocultural de um determinado período histórico, explica a sua função de memória

Figura 40
Praça Vilaboim,
bairro de Higienópolis, São Paulo, 1994.

e ensinamento histórico somente se pertence à comunidade. Qualquer obra de arte não accessível a todos, perde seu valor histórico.

Ao preservar um edifício deve-se pensar não somente na sua materialidade como também na qualidade urbana que pode gerar, como encontros, coexistência, enfim, pensar em uma vida pública que começa a dar sinais de desaparecimento.

Por sua vez, a cidade de São Paulo é notoriamente radical em sua irreverência em relação à história da arquitetura; percebe-se que houve uma substituição da consciência histórica por um tipo de consciência sem hierarquia, adquirida a partir de um compartilhar do mesmo ambiente e das mesmas vivências.

A história não está apenas na materialidade da cidade. Está, principalmente, na sua imaterialidade: na cultura, na memória humana e em muitos outros modos não relacionados à conservação patrimonial. Portanto, a redescoberta do vernacular é uma das formas de resistência ao modelo único proposto pelos arquitetos modernos, envolvendo muito mais do que apenas a produção de espaço e forma, mas implicando a manutenção de modos de vida e de outras experiências de organização social e físico-espacial.

BIBLIOGRAFIA

ANDERSON, Stanford (ed.). *Calles: Problemas de Estructura y Diseño*. Barcelona: Gustavo Gili, 1981.

ARGAN, Giulio Carlo. *História da Arte como História da Cidade*. São Paulo: Martins Fontes, 1993.

_____. *Projeto e Destino*. São Paulo: Martins Fontes, 2000.

ARRUDA, Maria Arminda Nascimento de. Tempos, Lugares, Sociabilidade. In: *Metrópole e Cultura: São Paulo no meio século xx*. Bauru: Edusc, 2001.

AUGÉ, Marc. *Non luoghi: introduzione ad un'antropologia della sumodernità*. Milano: A Coop. Sez. Elèuthera, 1993.

AYMONINO, Carlo. *Il significato delle città*. Venezia: Marsilio, 2000.

BENEVOLO, Leonardo. *La città nella storia d'Europa*. Roma/Bari: Laterza, 1993.

BOHIGAS, Oriol. In: FILLION, Odille (org.). *La Ville, six interview: Bohigas, Brang, Koolhas, Krier, Nicolin, Nouvel*. Paris: Le Moniteur, 1994.

CACHE, Bernard; SPEAKS, Michael. *Earth Moves: the Furnishing of Territiories*. Cambridge: MIT Press, 1995.

CIAM. Assembleia do. *Carta de Atenas: Congresso de Arquitetura Moderna*. 1933.

COMAS, Carlos Eduardo Dias. O Espaço da Arbitrariedade. *Projeto*, São Paulo, n. 91, set. 1986.

COSTA, Lucio. *Sobre Arquitetura*. Porto Alegre: Centro dos Estudantes Universitários de Arquitetura, 1962.

_____. *Lúcio Costa: Registro de uma Vivência*. São Paulo: Empresa das Artes, 1995.

DURHAN, Eunice R. *A Caminho da Cidade*. São Paulo: Perspectiva, 1973.

FREMONT, Armand. *La regione: uno spazio per vivere*. Milano: Franco Angeli, 1983.

GAMBI, Lucio; GOZZOLI, Maria Cristina. *La città nella storia d'Italia: Milano.* Roma-Bari: Laterza, 1997.

GREGOTTI, Vittorio. *Território da Arquitetura.* SãoPaulo: Perspectiva, 1975.

HALL, Edward Twitchell. *La dimensione nascosta.* Milano: Bompiani, 1966.

HARVEY, David. *Condição Pós-Moderna: uma Pesquisa Sobre as Origens da Mudança Cultural.* São Paulo: Loyola, 1992.

HEERS, Jacques. *La città nel medioevo: Paesaggi, poteri e conflitti.* Milano: Jaca, 1995.

HERTZBERGER, Herman. *Lições de Arquitetura.* São Paulo: Martins Fontes, 1996.

HILLMAN, James. *Encarando os Deuses.* São Paulo: Cultrix/Pensamento, 1980.

HUET, Bernard. La città come spazio abitabile. *Lotus,* n.42. Milano: Electa, 1984.

JACOBS, Jane. *Vita e morti delle grandi città: saggio sulle metropoli americane.* Torino: Edizioni di Comunità, 2000.

JAMMER, Max. *Storia del concetto di spazio.* Milano: Feltrinelli, 1966.

JENCKS, Charles; BAIRD, George. *El Significado en Arquitectura.* Madrid: H. Blume, 1975.

KOOLHAAS, Rem. *Delirous New York.* Milano: Electa, 2004.

_____. Bigness, ovvero il Problema della Grande Dimensione. *Domus,* Milano, n. 764, out. 1994.

KRIER, Leon. *Carta per la ricostruzione della città europea.* Disponível em: <www.stefanoborselli.elios.net/scritti/krier_carta.htm>. Acesso em: 26 dez. 2006.

LANGENBUCH, Jurgen Richard. *A Estruturação da Grande São Paulo.* Fundação IBGE, Depto de Documentação e Divulgação Geográfica e Cartográfica, Rio de Janeiro, 1971.

LEIBNIZ, Gottfried Wilhelm. *Saggi Filosofici e Lettere.* Bari: Laterza, 1963.

LEMOS, Carlos A. C. *Casa Paulista: História das Moradias Anteriores ao Ecletismo trazido pelo Café.* São Paulo: Edusp, 1999.

LOPEZ DE LUCIO, Ramon. El Espacio Publico en la Ciudad Europea: Entre la Crisis y las Iniciativas de Recuperación. Implicaciones para Latinoamerica. *Revista de Occidente,* 230/231. Barcelona, 2000.

MARTIN, Roland. *Storia dell'architettura: architettura greca.* Milano: Electa, 1980.

MARX, Karl. *O 18 Brumário.* Coimbra: Nosso Tempo, 1971.

MOREIRA, Clarissa da Costa. *A Cidade Contemporânea entre Tábula Rasa e Preservação.* São Paulo: Editora da Unesp, 2004.

MORSE, Richard M. *Formação Histórica de São Paulo.* São Paulo: Difusão Europeia, 1970.

NICOLIN, Pierluigi. Introduzione. In: TRIENNALE DI MILANO. *Le Città immaginate: un viaggio in Italia, nove progetti per nove città.* Milano: Electa, 1987.

NIETZSCHE, Friedrich Wilhelm. *Obras Incompletas.* São Paulo: Abril Cultural, 1978. (Os Pensadores)

NORBERG SCHULZ, Christian. *Genius loci: paesaggio ambiente architettura.* Milano: Electa, 2003.

PIGNATELLI, Paola Coppola. *Spazio e Immaginario: maschile e femminile in architettura.* Roma: Officina, 1982.

PORTOGHESI, Paolo. *Dopo l'architettura moderna.* Bari: Laterza, 1982.

_____. *Leggere l'architettura.* Roma: Newton Compton, 1981.

QUARONI, Ludovico. *La città fisica.* Roma: Laterza, 1981.

REIS FILHO, Nestor Goulart [1976]. *Quadro da Arquitetura no Brasil.* São Paulo: Perspectiva, 1987.

ROGERS, Ernesto N. *Esperienza dell'architettura*. Milano: Einaudi, 1958.

RONCI, Fabio. Giullari: Il tempo e lo spazio scenico nel medioevo. Disponível em: <www.medioevo.com>. Acesso em: 5 jul. 2006.

ROSSI, Aldo. *L'architettura della città*. Milano: Clup, 1978.

RUSSO, Michelangelo. *Aree dismesse: forma e risorse della "città esistente"*. Napoli: Scientifiche Italiane, 1998.

SALGADO, Ivone. Pierre Patte e a Cultura Urbanística no Iluminismo Francês. *Cadernos de Pesquisa do LAP: revista de estudos sobre urbanismo, arquitetura e preservação*, São Paulo, v. 38, 2003.

SALMONI, Anita; DEBENEDETTI, Emma. *Arquitetura Italiana em São Paulo*. São Paulo: Perspectiva, 1981.

SECCHI, Bernardo. *A Cidade do Século Vinte*. Tradução de Marisa Barda, São Paulo: Perspectiva, 2009.

_____. *Primeira Lição de Urbanismo*. Tradução de Marisa Barda e Pedro M. R. Sales, São Paulo: Perspectiva, 2006.

SENNET, Richard. *O Declínio do Homem Público: as Tiranias da Intimidade*. São Paulo: Companhia das Letras, 1995.

TAFURI, Manfredo. *Teoria e História da Arquitectura*. Portugal/Brasil: Presença/Martins Fontes, 1979.

TAFURI, Manfredo; DAL CO, Francesco. *Architettura contemporanea*. Milano: Electa, 1976.

TOLEDO, Benedito Lima de. *Três Cidades em um Século*. São Paulo: Livraria Duas Cidades, 1981.

_____. *Prestes Maia e as Origens do Urbanismo Moderno em São Paulo*. São Paulo: Empresa das Artes Projetos e Edições Artísticas, 1976.

TRIENNALE DI MILANO. *Il Centro altrove: periferie e nuove centralità nelle aree metropolitane*. Milano: Electra, 1995.

_____. *La città de mondo e il futuro delle metropoli: oltre la città, la metropoli*. Milano: Electa, 1988.

VAGAGGINI, Vicenzo et al. *Spazio geográfico e spazio sociale*. Milano: Franco Angeli, 1980.

VIDLER, Anthony. Los Escenarios de la Calle: Transformaciones del ideal y de la Realidade. In: ANDERSON, Stanford (ed.). *Calles: Problemas de Estructura y Diseño*.

VILLAÇA, Flávio. *Espaço Intra-Urbano no Brasil*. São Paulo: Studio Nobel, 1998.

WILHEIM, Jorge. *São Paulo Metrópole 65*. São Paulo: Difusão Europeia do Livro, 1965.

PORTAIS DA WEB

\<www.comune.milano.it\>
\<www.gallaratese.it/\>
\<www.dti.unimi.it/~samarati/Images/Crema.jpg\>
\<www.superstudiogroup.com/map.php\>
\<www.wolton.cnrs.fr/glossaire\>
\<//architettura.supereva.it\>
\<www.medioevo.com\>
\<www.stefanoborselli.elios.net\>
\<www.chem.polimi.it/formazione/beniculturali/BIBLIOGRAFIA%20PROF.%20
  BELLINI/REST-POL.pdf \>

CRÉDITOS DAS ILUSTRAÇÕES

Capa: Geraldo Souza Dias. **Figuras 1, 2, 3:** *Recuperare l'edilizia*, Milano: Alberto Greco Editore, a. 9, n. 46, fev. 2006. **Figura 4:** <www.festadeifolli. com/la_festa_dei_folli_rid.jpg, acesso em 15 nov. 2006.> **Figura 5:** <parnaseo. uv.es/Ars/Imagenes/Loci/Loci3.jpeg>. **Figura 6:** PUPPI, Lionello. *Andréa Palladio*. Milano: Electra, 1973. **Figura 7:** <http://it.wikipedia.org/wiki/ Immagine:Piranesi_Piazza_San_Pietro.gif>, acesso em 15 nov. 2006. **Figura 8:** <faculty.washington.edu/jbs/itrans/kasp4.gif>, acesso em 15 nov. 2006. **Figura 9:** <www.dj-design.com/Paintings/Old_Woman.JPG>, acesso em 15 nov. 2006. **Figura 10:** <www.diegobridi.it/.../Portici%20al%20Duomo.JPG>, acesso em 15 nov. 2006. **Figuras 11, 24, 30, 31, 35, 39 e 40:** PulsarImagens, foto de Delfim Martins. **Figura 12:** GAMBI, Lucio; GOZZOLI, Maria Cristina. *La Città nella storia d'Italia*: Milano, Roma: Laterza. **Figura 13:** <www.discountmilano. com/.../PzaDuomo418x296.jpg>, acesso em 15 nov. 2006. **Figura 14:** <www. benessereviaggi.it/.../piazza-siena.jpg>, acesso em 15 nov. 2006. **Figuras 15, 16:** CIANCARELLI, Luca. *Tipo e complessità architettonica: trasformabilità e scomponibilità tipologica*. Roma: Kappa, 2005. **Figura 17:** <www.confagricoltura. org/imgnews/campi2.jpg>, acesso em 15 nov. 2006. **Figura18:** <www.egm.it/ comuni/milanogalleria.jpg>, acesso em 15 nov. 2006. **Figura 19, 25, 26, 27, 28, 29, 38:** Foto de Marisa Barda. **Figura 20:** AYMONINO, Carlo. *Il Significato delle città*. Venezia: Marsilio, 2000. **Figura 21:** <http://www.stefanoborselli.elios.net/ scritti/krier_carta.htm>, acesso em 15 nov. 2006. **Figura 22:** <www.unesco. org.uy/.../radar/images/25-3.gif>, acesso em 15 nov. 2006 **Figura 23:** <home. worldcom.ch/.../00_Trulli_Facade.GIF>, acesso em 15 nov. 2006. **Figuras 32, 33:** Cartão-postal. **Figura 34:** <www.benettontalk.com/sao.paulo.link.jpg>, acesso em 15 nov. 2006. **Figura 36:** desenho cedido pelo escritório do arquiteto Gregotti. **Figura 37:** PulsarImagens, foto de Ricardo Azury.

Coleção Khronos

1. *O Mercantilismo*, Pierre Deyon
2. *Florença na Época dos Medici*, Alberto Tenenti
3. *O Anti-Semitismo Alemão*, Pierre Sorlin
4. *Os Mecanismos da Conquista Colonial*, Ruggiero Romano
5. *A Revolução Russa de 1917*, Marc Ferro
6. *A Partilha da África Negra*, Henri Brunschwig
7. *As Origens do Fascismo*, Robert Paris
8. *A Revolução Francesa*, Alice Gérard
9. *Heresias Medievais*, Nachman Falbel
10. *Armamentos Nucleares e Guerra Fria*, Claude Delmas
11. *A Descoberta da América*, Marianne Mahn-Lot
12. *As Revoluções do México*, Américo Nunes
13. *O Comércio Ultramarino Espanhol no Prata*, E. Soares da Veiga Garcia
14. *Rosa Luxemburgo e a Espontaneidade Revolucionária*, Daniel Guérin
15. *Teatro e Sociedade: Shakespeare*, Guy Boquet
16. *O Trotskismo*, Jean-Jacques Marie
17. *A Revolução Espanhola 1931-1939*, Pierre Broué
18. *Weimar*, Claude Klein
19. *O Pingo de Azeite: A Instauração da Ditadura*, Paula Beiguelman
20. *As Invasões Normandas: Uma Catástrofe?*, Albert D'Haenens
21. *O Veneno da Serpente*, Maria Luiza Tucci Carneiro
22. *O Brasil Filosófico*, Ricardo Timm de Souza
23. *Schoá: Sepultos nas Nuvens*, Gérard Rabinovitch
25. *Dom Sebastião no Brasil*, Marcio Honorio de Godoy
26. *Espaço (Meta)Vernacular na Cidade Contemporânea*, Marisa Barda

Este livro foi impresso em São Paulo,
em dezembro de 2009,
nas oficinas da Bartira Gráfica e Editora S.A.,
para a Editora Perspectiva S.A.